DIDÁTICA DO ENSINO SUPERIOR

Dados Internacionais de Catalogação na Publicação (CIP)

F866d   Cengage Learning Edições Ltda.

Didática do ensino superior / Cengage Learning Edições
Ltda. – São Paulo, SP : Cengage, 2016.

Inclui bibliografia.
ISBN 13 978-85-221-2884-6

1. Ensino superior - Didática. 2. Aprendizagem.
3. Material didático. 4. Planejamento educacional.
I. Título.

CDU 378.147

CDD 3718.17

Índice para catálogo sistemático:

1. Ensino superior: Didática   378.147

(Bibliotecária responsável: Sabrina Leal Araujo – CRB 10/1507)

DIDÁTICA DO ENSINO SUPERIOR

CENGAGE

Austrália • Brasil • México • Cingapura • Reino Unido • Estados Unidos

Didática do ensino superior

Conteudista: Uilian Donizeti Vigentim

Gerente editorial: Noelma Brocanelli

Editoras de desenvolvimento:
Gisela Carnicelli, Regina Plascak e Salete Del Guerra

Editora de aquisições: Guacira Simonelli

Produção editorial: Fernanda Troeira Zuchini

Coordenadora de conteudistas: Luciana Gomide Mariano Carmo

Copidesque: FZ Consultoria Editorial

Revisão: Norma Gusukuma

Diagramação: Alfredo Carracedo Castillo

Capa: Estúdio Aventura

Imagens usadas neste livro por ordem de páginas:
Docstockmedia/Shutterstock; Markgraf/Shutterstock; baranq/Shutterstock; kurhan/Shutterstock; Georgios Kollidas/Shutterstock; racorn/Shutterstock; wavebreakmedia/Shutterstock; Monkey Business Images/Shutterstock; Ermolaev Alexander/Shutterstock; Manuel Alvarez/Shutterstock; PathDoc/Shutterstock; ra2studio/Shutterstock; Pressmaster/Shutterstock; wavebreakmedia/Shutterstock; Ismagilov /Shutterstock; YuryImaging/Shutterstock; d13/Shutterstock; wavebreakmedia/Shutterstock; VectorLifestylepic/Shutterstock; Ismagilov/Shutterstock; racorn/Shutterstock; Ditty_about_summer/Shutterstock; Matej Kastelic/Shutterstock; Rawpixel/Shutterstock;

© 2016 Cengage Learning Edições Ltda.

Todos os direitos reservados. Nenhuma parte deste livro poderá ser reproduzida, sejam quais forem os meios empregados, sem a permissão por escrito da Editora. Aos infratores aplicam-se as sanções previstas nos artigos 102, 104, 106, 107 da Lei nº 9.610, de 19 de fevereiro de 1998.

Esta editora empenhou-se em contatar os responsáveis pelos direitos autorais de todas as imagens e de outros materiais utilizados neste livro. Se porventura for constatada a omissão involuntária na identificação de algum deles, dispomo-nos a efetuar, futuramente, os possíveis acertos.

Esta editora não se responsabiliza pelo funcionamento dos links contidos neste livro que possam estar suspensos.

Para permissão de uso de material desta obra, envie seu pedido para
direitosautorais@cengage.com

© 2016 Cengage Learning Edições Ltda.
Todos os direitos reservados.

ISBN 13: 978-85-221-2884-6
ISBN 10: 85-221-2884-7

Cengage Learning Edições Ltda.
Condomínio E-Business Park
Rua Werner Siemens, 111 - Prédio 11
Torre A - Conjunto 12
Lapa de Baixo - CEP 05069-900 - São Paulo - SP
Tel.: (11) 3665-9900   Fax: 3665-9901
SAC: 0800 11 19 39

Para suas soluções de curso e aprendizado, visite
www.cengage.com.br

Impresso no Brasil
Printed in Brazil

Apresentação

Com o objetivo de atender às expectativas dos estudantes e leitores que veem o estudo como fonte inesgotável de conhecimento, esta **Série Educação** traz um conteúdo didático eficaz e de qualidade, dentro de uma roupagem criativa e arrojada, direcionado aos anseios de quem busca informação e conhecimento com o dinamismo dos dias atuais.

Em cada título da série, é possível encontrar a abordagem de temas de forma abrangente, associada a uma leitura agradável e organizada, visando facilitar o aprendizado e a memorização de cada assunto. A linguagem dialógica aproxima o estudante dos temas explorados, promovendo a interação com os assuntos tratados.

As obras são estruturadas em quatro unidades, divididas em capítulos, e neles o leitor terá acesso a recursos de aprendizagem como os tópicos *Atenção*, que o alertará sobre a importância do assunto abordado, e o *Para saber mais*, com dicas interessantíssimas de leitura complementar e curiosidades incríveis, que aprofundarão os temas abordados, além de recursos ilustrativos, que permitirão a associação de cada ponto a ser estudado.

Esperamos que você encontre nesta série a materialização de um desejo: o alcance do conhecimento de maneira objetiva, agradável, didática e eficaz.

Boa leitura!

Prefácio

Inconteste a realidade que se impõe, a medida em que assistimos a expansão do ensino superior no país.

Esse contexto exige, cada vez mais, a capacitação do docente que não poderá mais se limitar a uma boa formação ou apenas incumbir-se de repassar o que sabe, por mais sólidos que sejam os seus conhecimentos.

Os alunos esperam muito mais do professor. E este é um grande desafio para aquele que se enevereda na militância da educação universitária.

Para tratar do assunto e tentar nortear o direcionamento que o docente deverá adotar, caso queira cumprir com maestria o seu ofício, apresentamos o conteúdo sobre Didática no ensino superior, com quatro Unidades contendo temas e assuntos diversos sobre a questão.

Na primeira, por exemplo, o leitor entenderá o conceito de didática, a sua contextualização ao longo do tempo, podendo compreender a didática como ferramenta para o professor.

Na segunda Unidade serão abordados temas importantes acerca dos desafios dos educadores, a formação pedagógica no docente no processo de ensino e as competências e habilidades no processo educacional.

A Unidade três trata das estratégias passíveis de serem utilizadas no processo de aprendizagem por parte do professor, da sistematização do conteúdo e formas de construção do conhecimento, as técnicas de ensino no uso de material didático entre outros assuntos.

Por fim, na Unidade quatro, o leitor vai aprender sobre as tendências pedagógicas no processo de ensinar e aprender, sobre o planejamento de ensino e as vertentes no planejamento.

Desejamos a todos um boa leitura.

UNIDADE 1
PRESSUPOSTOS E CARACTERÍSTICAS DA DIDÁTICA

Capítulo 1 Conceito de didática, 10

Capítulo 2 A didática como ferramenta do professor, 11

Capítulo 3 Evolução histórica da didática, 12

Capítulo 4 O legado dos pensadores na didática contemporânea, 15

Capítulo 5 O contexto da prática pedagógica, 17

Glossário, 27

1. Conceito de didática

Didática, de uma forma simplificada, é a ciência que estuda o processo de ensino-aprendizagem. Segundo o *Dicionário Houaiss da Língua Portuguesa*, didática pode ser: a arte de transmitir conhecimentos; a técnica de ensinar ou a parte da pedagogia que aborda os preceitos científicos para tornar a atividade educativa mais eficiente.

Como se pode observar, a didática é a ciência responsável pelo processo de ensino-aprendizagem, interligada à pedagogia.

Para entender a complexidade dessas áreas de estudo, cabe lembrar que a pedagogia e a didática trabalham de modo interdisciplinar ou **transdisciplinar** com outras ciências, tais como a história, a psicologia, a sociologia, a filosofia etc.

Libâneo (1994) ressalta que a educação escolar se destaca na vivência das atividades humanas acumuladas ao longo da vida, levando em consideração a visão do homem como um ser social. Desse modo, a didática garante o fazer pedagógico no processo educativo em suas diversas dimensões.

Cabe destacar que o objeto de estudo da didática é amplo, conforme os variados autores que apresentam diferentes demarcações acerca dela. Masetto (1996), por exemplo, ensina que a didática é o estudo do processo ensino-aprendizagem em sala de aula e de seus resultados e que surge quando os adultos começam a intervir na atividade de **aprendizagem** das crianças e jovens, por meio da direção deliberada e planejada do **ensino**.

Diante do exposto, é possível investigar como jovens e crianças adentram o espaço escolar e processam conhecimento e informação, refletindo sobre como os docentes se relacionam nesse ambiente, observando seu modo de agir perante os discentes e também o impacto dessa relação afetiva sobre a interação com os alunos.

Para nortearmos a abordagem do conteúdo, o conceito de didática será adotado e desenvolvido como o estudo do processo de ensino e aprendizagem, com o objetivo de propor o trabalho com práticas que incentivem a produção em vez da reprodução; a divergência muito mais do que a convergência; a crítica em lugar da aceitação; a dúvida no lugar das certezas cristalizadas e o erro provisório em detrimento do acerto fácil.

Vale destacar que o objetivo de qualquer profissional deve ser o de se tornar cada vez mais competente em sua atuação, portanto a melhoria da atuação docente passa pela análise que cada um faz de sua própria prática e dos eventuais contrastes que podem ser observados, comparando-se com outras práticas. Para quem ainda não começou o percurso do trabalho acadêmico, o estudo da didática é particularmente importante, pois pode fornecer conhe-

cimentos que permitirão o delineamento ou a projeção mais segura de uma prática inovadora.

Hoje se considera falsa a ideia de que um bom professor é aquele que dispõe de comunicabilidade fluente e de sólidos conhecimentos relacionados à disciplina que leciona. Os estudantes, principalmente os universitários, esperam que seus professores sejam muito mais do que meros transmissores de conhecimento ou solucionadores de dúvidas. Repensar a formação do profissional no ensino superior passou a ser uma necessidade, pois até bem pouco tempo o ensino superior ocupava-se mais com a formação de pesquisadores do que com a de docentes, subentendendo-se que excelência em pesquisa seria diretamente proporcional à competência do professor. Em outras palavras, quanto melhor pesquisador, mais competente o professor seria.

2. A didática como ferramenta do professor

Tradicionalmente, consideramos como componentes da ação **didática** a matéria, o professor e o aluno.

Atualmente, são poucas as pessoas envolvidas com as questões educacionais que aceitam uma justificativa desse tipo. O professor universitário, assim como o de qualquer outro nível, necessita não apenas de sólidos conhecimentos na área em que pretende lecionar, mas também de habilidades pedagógicas suficientes para tornar o aprendizado eficaz. Além disso, o professor universitário precisa ter uma visão de mundo, de ser humano, de ciência e de educação compatível com as características de sua função.

Quando um aluno não aprende, de quem é a responsabilidade? A quem compete a condução eficaz do processo de aprendizagem?

Um professor de português, de ciências ou de história pode compreender e ter amplo domínio sobre o conteúdo de sua disciplina. Todavia, isso não garante que ele compreenda o processo de aprendizagem de seus alunos. Ele pode não conseguir avaliar ou compreender como os seus alunos assimilam o conteúdo ou mesmo não saber como agir quando os alunos não aprendem e nem conseguir identificar a causa da falha no processo.

Essa situação pode ocorrer com professores de todas as disciplinas. Em sala de aula, mesmo sem se dar conta, todo professor é orientado por uma determinada concepção teórica. É possível que ele priorize a transmissão ou a construção de conhecimentos. Compreender quais são as razões para se utilizar determinada estratégia é fundamental na prática docente.

Pode-se afirmar que o processo de ensino-aprendizagem se realiza por meio do relacionamento interpessoal entre alunos e professores, professores e seus pares, e alunos e seus colegas de classe. Esse clima de produção do conhecimento é responsável pelo sucesso da aprendizagem por meio da troca de experiências que o trabalho em grupo proporciona. Esse processo ocorre em três dimensões: humana, política e técnica. Masetto (1996) salienta que essa dimensão humana interessa aos estudos da didática, mesmo que em alguns momentos de sua história tal dimensão tenha sido completamente esquecida. Respostas para essas questões e caminhos para construir essa compreensão podem ser encontrados na evolução histórica da didática.

3. Evolução histórica da didática

Comênio

No século XVII, João Amós **Comênio** (1592-1670), educador tcheco, escreveu a primeira obra clássica sobre didática, intitulada *Didactica Magna*. Sua obra, de caráter revolucionário e pautada por ideais religiosos, já que foi escrita no contexto da Reforma Protestante, desenvolvia o que se acreditava ser um método único para ensinar tudo a todos.

Comênio, ao escrever o seu livro, refletiu na obra as preocupações do educador em uma Europa dividida pelas lutas religiosas e em processo de transformação ante a ascensão na vida social da burguesia comerciante e o avanço das ciências. Seu projeto educacional foi uma resposta aos anseios e às exigências de uma classe que, revolucionando o mundo da produção, alterava com rapidez as relações sociais.

Naquele contexto, segundo a "Didactica Magna", ao ensinar um assunto, o professor deveria apresentar sua ideia de forma clara e breve, pois a concepção de ensino preconizada na obra previa que os discentes aprendiam por meio dos sentidos, principalmente vendo e tocando. Era necessário, inclusive, mostrar a utilidade específica do conhecimento transmitido e sua aplicação no dia a dia.

As ideias de Comênio eram centradas na explicação do todo para as partes, sendo que, primeiro, o docente apresentava os tópicos gerais da disciplina e, posteriormente, os detalhes. Finalmente, o educador somente adentraria outro conteúdo quando o aluno dominasse o assunto inicial.

Segundo Pimenta (2002), o ensino, de acordo com a didática comeniana, fundamenta-se na própria natureza, ou seja, cada educando tem um tempo diferenciado para a aprendizagem, sendo que as condições propiciadas na construção do conhecimento é que farão a diferença na aprendizagem. Incompreendido em sua época, Comênio teve influência considerável no desenvolvimento de métodos de instrução mais rápidos e eficientes. O seu desejo era o de que todos pudessem usufruir dos benefícios do conhecimento. Esse pensamento também designava um avanço.

Apesar da grande novidade contida nessas ideias, principalmente por se tratar de um impulso ao surgimento de uma teoria do ensino, Comênio não escapou de algumas crenças usuais naquela época sobre o ensino. Embora partindo da observação e da experiência sensorial, mantinha-se o caráter transmissor do ensino; apesar de ter procurado adaptar o ensino às fases do desenvolvimento infantil, mantinha-se o método único e o ensino simultâneo a todos. Além disso, à sua ideia de que a única via de acesso dos conhecimentos é a experiência sensorial com as coisas não foi suficiente, primeiro porque as percepções frequentemente poderiam ser (e são) enganosas; segundo, porque já se assimilava a ideia de que existia uma experiência social acumulada de conhecimentos sistematizados que não necessitavam ser descobertos novamente.

> *P*ARA SABER MAIS! Vale a pena conhecer a Didática Magna. Ela está disponível no endereço: <http://www.ebooksbrasil.org/adobeebook/didaticamagna.pdf>.

Como se pode constatar, desde aquele período, os ensinamentos faziam parte da didática do professor, que tinha como foco em sua prática, a aprendizagem do educando.

Além de Comênio, é importante ressaltar a contribuição de Rousseau.

Jean-Jacques Rousseau e sua influência em Pestalozzi

No século XVIII, Rousseau (1712-1778) provocou uma nova revolução didática. A grande contribuição de Rousseau diz respeito ao questionamento quanto à educação: "Como podemos educar sem ter o conhecimento do que é criança?".

Sabe-se que Rousseau idealizou todo o segmento da didática, criou os princípios pedagógicos, porém não colocou suas ideias em prática. O teórico que aplicou a teoria foi Pestalozzi (1746-1827); toda a inserção pedagógica desse estudioso é influenciada pela concepção naturalista de Rousseau. Pestalozzi solidificou a ideia da educação como instrumento de regeneração social. Para ele, a educação do homem era resultado puramente moral, sendo que o educador funcionava como uma barreira para que influências desagradáveis não interferissem no desenvolvimento natural do educando.

Pestalozzi atribuía grande importância ao método intuitivo, levando os alunos a desenvolver o senso de observação, de análise dos objetos e fenômenos da natureza e a capacidade da linguagem por meio da qual se expressa em palavras o resultado das observações.

A educação intelectual consistia desses parâmetros. Pestalozzi também atribuía importância fundamental à psicologia da criança como fonte do desenvolvimento do ensino.

O estudioso considerava que todas as pessoas nascidas eram boas e que o caráter era formado com base no ambiente em que se dava o seu desenvolvimento, defendendo a possibilidade de a sociedade se transformar por meio da educação, de modo que o educando obtivesse um desenvolvimento pleno.

A estratégia utilizada por Pestalozzi se concentrava no que chamamos hoje de sequência didática, ou seja, os docentes organizavam um conjunto de aulas e/ou atividades que possuíam o mesmo objetivo, com o intuito de desenvolver as habilidades intelectuais e morais. Nesse método, o docente parte do simples para o complexo, realizando, inicialmente, atividades que fazem parte da realidade em que os discentes estão inseridos, para posteriormente aprofundar o conhecimento de forma sistematizada.

Pestalozzi formulou princípios que contribuem para o entendimento de sua visão sobre a prática pedagógica do educador. Os seus princípios são estudados até os dias de hoje como referências para profissionais da educação. O amor, o respeito mútuo e a individualidade do aluno são valores que, entre outros, os docentes procuram utilizar em suas rotinas.

4. O legado dos pensadores na didática contemporânea

Comênio, Rousseau e Pestalozzi influenciaram muitos educadores com suas ideias, pois estas interferiram na prática docente.

Herbart, precursor de Pestalozzi, construiu seus princípios educacionais fundamentados na ideia da unidade, segundo a qual o homem nasce e, a partir das influências externas sofridas por ele, sua relação com o ambiente se desenvolve, em um sentido ou em outro, por meio da percepção sensorial, estabelecendo representações formadas e suas combinações.

Esse educador considera que a educação é responsável pela formação das representações e que a função da escola é a de ajudar o aluno a desenvolver e a integrar essas representações mentais.

Herbart aplicou um método instrucional detalhado, em passos que deviam ser seguidos conduzidos da seguinte maneira: preparação, apresentação, associação, sistematização e aplicação. Com essa proposta, ele reforçou a instrução como metodologia de ensino aplicada ao processo educativo.

Comênio, Rousseau, Pestalozzi, Herbart e outros educadores da época difundiram ideias, demarcando concepções pedagógicas que hoje são conhecidas como não críticas (**Pedagogia** Tradicional e Pedagogia Renovada).

Dewey (1859-1952) e seus seguidores reagiram às ideias herbartianas de educação pela instrução, advogando a educação pela ação. Para esse educador, a atividade escolar deveria centrar-se na experiência e na reconstrução da experiência. O currículo não deveria se basear nas matérias de estudo convencionais, que expressam a lógica adulta, mas em atividades da vida presente, que são as requeridas para viver em sociedade.

Dewey revolucionou a didática ao criar o método de projeto em que o aluno é o centro da ação na escola e não o professor.

No Brasil, o movimento educacional denominado Escola Nova ganhou força em meados de 1930. Destacam-se, como vertentes dessa corrente, Montessori (corrente vitalista) e Piaget (corrente baseada na psicologia genética).

Na vertente **escolanovista** não entram fins e valores, que fariam parte do campo da filosofia, uma vez que não são passíveis de verificação experimental. Dessa forma, didática e pedagogia ficam restritas aos métodos e procedimentos, compreendidos como aplicação dos conhecimentos científicos e traduzidos em técnicas de ensinar.

Na década de 1960 e, principalmente, no final do século XX, com o advento do desenvolvimento tecnológico, emerge um novo paradigma didático: o campo do

didático se resumiria ao desenvolvimento de novas técnicas de ensinar, e o ensino, à aplicação delas nas diversas situações. Ganham importância, então, as técnicas do planejamento racional das situações de ensino. À didática, portanto, caberia disponibilizar, aos futuros professores, os meios e os instrumentos eficientes para o desenvolvimento e o controle do processo de ensinar, visando à maior eficácia nos resultados do ensino. Nessa perspectiva de processo-produto, não cabe à didática questionar os fins do ensino, uma vez que já estão previamente definidos pela expectativa que a sociedade (dominante) tem da escola: preparar para o mercado de trabalho. Esse passa a ser o critério de avaliação do sistema escolar. (PIMENTA, 2002)

Foram destacados, até aqui, alguns filósofos e educadores que contribuíram para transformar o processo de ensino e, consequentemente, o de aprendizagem. Observe que, ao defender suas ideias, a partir da reforma de métodos de ensino, propondo práticas educativas inovadoras para suas respectivas épocas, esses educadores acreditaram no processo educativo e demonstraram a importância de se posicionar diante de novas concepções educacionais.

5. O contexto da prática pedagógica

A dinâmica de instigar a aprendizagem

É impossível imaginar uma classe sem um professor que pergunte aos seus alunos, ou a um de seus alunos, à classe toda, ou a um grupo de trabalho: o caderno está pronto? Vocês podem ficar quietos, por favor? Vocês compreenderam? Pedro, por que esta reação química acontece? Quantos resolveram o problema em casa? O que vocês acharam do passeio de hoje?

Pode-se adquirir a capacidade de interrogação espontaneamente, mas, para que esta seja didática, o professor deve conhecer as suas possibilidades e praticá-las com os outros e, acima de tudo, consigo mesmo.

Um profissional da educação deve questionar continuamente suas decisões, suas atividades, suas propostas, refletindo sobre o hoje e sobre o amanhã. Para isso, deve lançar mão de perguntas como: "É possível explicar esta fórmula de maneira simples? Em que eu poderia melhorar? Como eu poderia...? Por que eu deveria...? O que fazer se apenas uns poucos alunos compreendem...?".

O professor tem uma tarefa capital, no que se refere às perguntas e respostas dirigidas aos seus alunos, estimulando-os ante a pesquisa, a indagação e o interesse pela aprendizagem, assim como a de reconhecer o nível de compreensão ou as lacunas que podem ter ficado pendentes. Para essa ação, é necessário que se levem em conta algumas considerações:

- *organização da pergunta* – organizar a pergunta de forma que ela seja, por um lado, planejada e, por outro, aplicada pelo professor da melhor maneira, sempre se mantendo uma dose grande de entusiasmo, de atitude positiva e demonstrando interesse pelo tema tratado;

- *planejamento* – esta é a fase em que os objetivos devem ser estabelecidos e a estratégia mais apropriada deve ser selecionada para formular cada pergunta. Em alguns casos, vale a pena escrevê-la com antecedência. Quando se pensa nos objetivos, automaticamente se deve reportar ao tipo de resposta esperada (um simples sim ou não, uma descrição ou a síntese de uma leitura);

- *realização* – nesta fase são indispensáveis a estruturação da frase, a clareza das palavras que a compõem, a compreensibilidade e a concisão da pergunta. Utilizar inícios falsos, pausas incertas, transições ineficazes entre os diferentes temas são aspectos que podem influir negativamente na resposta dos alunos. Esta fase se desenvolve normalmente por meio dos seguintes atos: fazer a pergunta, dar uma pausa de espera e pedir a resposta ao aluno. Deve-se ter em mente que ao se inverter o processo, selecionando primeiro o aluno e fazendo a pergunta em seguida, pode ocorrer uma falha de atenção no restante da classe;

- *tempo de espera da resposta* – a pausa de espera é importante por diversos motivos, entre eles: permite que o aluno elabore a resposta e facilita para o professor a observação de atitudes do grupo (prazer, medo, vergonha, alegria etc.). Numerosos estudos corroboraram a pouca paciência que, em geral, o professor apresenta (uma média entre 1 e 2 segundos de espera) e também comprovaram que, duplicando esse tempo de espera (de 3 a 5 segundos), o clima da aula se torna mais descontraído e a qualidade das respostas é superior.

- *motivação dos alunos para responder* – o clima de confiança do aluno em si mesmo e em relação aos seus colegas é indispensável para trabalhar a interrogação didática em aula. Assim, o interesse do professor em ouvir a resposta encoraja o aluno a responder, e da melhor maneira possível. Ao estimular a participação do aluno, o professor o encoraja a fazer perguntas e provoca o surgimento de novas ideias.

Além dessas observações, é importante que se conheça o mínimo do aluno e de seus interesses para elaborar as perguntas mais apropriadas, propondo exemplos da realidade que lhe é mais próxima. Mesmo assim, existem sempre alguns alunos que não se envolvem voluntariamente em dar respostas. Estes, com certo tato e cuidado, devem ser convidados a participar. Talvez o caráter introvertido ou alguma vivência negativa os tenham bloqueado de alguma forma. Cabe ao professor demonstrar o seu profissionalismo diante dessa situação, animando-os a participar dessa atividade, concedendo-lhes uma pausa de espera completa.

Uma proposta interessante para essa ação pode ser a utilização de perguntas com respostas múltiplas, às quais podem responder três ou quatro alunos. Essa estratégia possibilita ao professor falar menos e ao aluno participar mais, sendo que há maior interação entre os colegas, além de benefícios como: aprender a estruturar, aprender a resumir, a se posicionar ante as diferentes respostas etc. Isso, logicamente, dependerá das possibilidades e dos objetivos que cada pergunta ofereça.

A distribuição dos alunos no espaço físico, o mobiliário do qual fazem uso, a localização do professor em relação ao aluno a quem dirigiu a pergunta são aspectos indiscutivelmente importantes.

Pode-se citar também, como igualmente relevante, a necessidade de variar o tipo de pergunta, constituindo-se, esse item, como uma parte de um dos principais inimigos da tarefa docente: a rotina. Sendo a rotina encarada como tal, é imprescindível que o professor fique atento para não se deixar levar por ela. Concretamente, é fundamental para essa estratégia buscar perguntas variadas, surpreender positivamente os alunos, fazer perguntas mediante as quais todos, e cada um deles, possam se sentir estimulados.

Para certo aluno será mais fácil responder a perguntas do tipo convergente; para outro, no entanto, será preferível poder se explicar, respondendo a perguntas avaliatórias. Se o professor souber variar no espaço, no tempo, na forma específica, é seguro que cada aluno encontrará a melhor forma de se expressar mediante uma interrogação em sala de aula.

O professor deve recompensar o aluno por sua resposta. É necessário tomar certo cuidado para não elogiar qualquer tipo de manifestação, bem como para não elogiar com excessiva frequência, pois, dessa forma, pode-se bloquear uma interação adequada aos seus alunos. Os alunos são diferentes entre si e, por essa razão, cada um responde de maneira própria à recompensa. O educador deve se esforçar em ser sensível aos efeitos que diferentes recompensas têm sobre os diferentes alunos, ainda que não os catalogue completamente.

Incentivos e recompensas ao educando

Existem duas espécies de recompensa: a verbal e a não verbal. A recompensa verbal mais adotada em aula consiste em oferecer uma só palavra ou uma breve frase aos alunos por sua resposta (bom, muito bem, bom trabalho, excelente...). Há também um elogio verbal menos utilizado, mas muito efetivo, quando o professor aproveita as ideias de seus alunos para desenvolver as aulas, o que encerra um grande poder de estímulo, bem como de animar os alunos a dirigir sua própria aprendizagem e a participar mais da aula. A recompensa não verbal, por sua vez, pode chegar a ser mais poderosa do que a verbal e envolve outra espécie de mensagem, que o professor envia pelo contato visual, pela expressão facial ou pela posição do corpo. Sorrir, olhar para o aluno, mostrar interesse em sua resposta ou estar descontraído, entre outras atitudes, são mensagens que podem estimular ou inibir a participação do aluno.

É inegável a importância da recompensa dada ao aluno por uma resposta, como é possível constatar, mas não se pode ignorar uma resposta incorreta ou incompleta, sendo da mesma forma importante fazer que o aluno se volte para sua resposta para melhorá-la e chegar a um ponto considerado ótimo, mesmo que para isso seja preciso ignorar o componente negativo. Trata-se da otimização da resposta parcialmente correta. Ao levar o aluno a rever sua resposta e aperfeiçoá-la, o professor estará motivando esse aluno a esclarecer e ampliar sua resposta. Esta é a técnica da instigação. Não importa quantas vezes seja preciso estimular o aluno, com mais perguntas ou, se for necessário, com comentários adicionais; desde que haja esforço positivo, haverá sempre um ponto a partir do qual se pode reconduzir essa ampliação ou pormenorização da resposta até a sua forma correta.

Em algumas ocasiões essa resposta parcialmente correta pode ter sido motivada pela falta de compreensão da pergunta. A recondução, nesse caso, deverá se concentrar em formular a pergunta em outras palavras, o que promoverá a reestruturação cognitiva do aluno. Por mais profissional que seja o professor, ou pela quantidade de materiais que proporcione aos alunos, ele sempre se defrontará, em algum momento, com respostas incorretas dadas por algum deles, tornando necessário que reconduza a resposta incorreta do aluno.

Se, apesar dos esforços despendidos para tentar reconduzir essa resposta ao caminho adequado, não se constata nenhuma melhora, o professor se encontra mediante uma situação interpessoal complexa e, nesse caso, devem ser observados alguns aspectos:

- evitar comentários verbais ou não verbais, que possam afetar negativamente o aluno;
- evitar o efeito murmúrio (se você responde negativamente, essa atitude gera um sussurro entre os colegas de classe);

- animar o aluno para tentar de novo, modificando a forma da pergunta, justificando sua resposta, guiando-o a partir de uma série de perguntas do tipo convergente, evoluindo das mais simples para as mais complexas;

- evitar o castigo e o sarcasmo.

Deve-se atentar também para algumas das reações que poderiam interferir nesse processo de interação e que, às vezes, inconscientemente são experimentadas em sala de aula.

Fazer perguntas absurdas é um desses casos. Trata-se de perguntas que podem ser qualificadas como absurdas por não terem muita razão de ser, como, por exemplo, na última aula, quando os alunos estão ansiosos para ir embora, perguntar se "alguém quer fazer alguma pergunta"; ou no caso de se tratar de um assunto complexo, sobre o qual muitos estão ouvindo falar provavelmente pela primeira vez, o professor questionar se "alguém gostaria de fazer uma contribuição nova sobre o tema". As perguntas refletem basicamente o desejo de novos conhecimentos, ou de reflexão sobre o próprio processo de aprendizagem, e sempre provocam uma resposta. Quando não há necessidade da emissão dessa resposta, o professor deve se questionar, muito seriamente, sobre a validade da pergunta que fez.

Selecionar sempre os mesmos alunos é outro caso que pode provocar reações capazes de interferir no processo de interação interpessoal em sala de aula. Alguns professores dirigem perguntas sempre àqueles alunos que respondem corretamente, frequentemente para corroborar sua eficácia profissional. Essa atitude faz que os demais alunos se desmotivem, perdendo o interesse pela matéria, o que pode, inclusive, originar uma batalha moral entre os alunos.

Em outras ocasiões, o professor não parece estar totalmente consciente de sua conduta em relação a um aluno a quem dirige mais críticas, de quem exige menos, a quem dá menos tempo para responder ou a quem dá menor atenção.

Nesse ponto, é relevante comentar a rotina de alguns docentes que perguntam sempre aos alunos que têm uma mesma característica: não esperam ou nunca deixam de responder, o que, de certa forma, contribui para a desmotivação dos demais alunos da sala.

É fundamental que os professores atentem para:

- prestar pouca ou nenhuma atenção no aluno que está respondendo;

- não permitir que os alunos terminem as respostas longas;

- repetir a pergunta;

- repetir todas as respostas dos alunos;

- responder à pergunta antes do aluno.

A formação do professor

Pode-se afirmar que a educação é apresentada como um alicerce de grande importância na vida dos seres humanos, uma vez que garante sua inserção na sociedade, o que se faz a partir da construção do conhecimento. É o conhecimento que emancipa o homem, e essa construção do saber, refletida na realidade social, movimenta também uma intencionalidade de formação continuada dos professores atuais, nesse espaço contemporâneo, atrelada às grandes mudanças no setor educacional como um todo, proporcionando, assim, estratégias que poderão subsidiá-los nas ações desenvolvidas em sala de aula.

Hoje é fundamental a formação continuada do professor, pois garante a reflexão para atuar com propostas inovadoras, que conduzam o aluno a uma construção do conhecimento, uma vez que é na escola que essa construção ocorre e que se estabelece um espaço de inter-relações sociais e culturais ao indivíduo. A escola deve ser o local que garanta pressupostos para alcançar tais objetivos, pois, junto à sociedade contemporânea, atua diante das necessidades e expectativas educacionais desta época.

O professor também é um aprendiz e, por essa razão, passa a desempenhar um novo papel na sociedade contemporânea, deixando de ser o "dono" do saber para ser quem irá construir o conhecimento com os seus alunos, assumindo um papel na educação de intelectual transformador, emancipador, crítico e mediador. Essas características, entre outras, serão adquiridas com a formação continuada desse profissional.

Em meio à sociedade contemporânea, a questão da formação docente torna-se um fator relevante para contribuir nas práticas pedagógicas que nortearão o trabalho docente. Diante dessa situação, o professor, como também outros profissionais da educação, sente-se impelido a rever sua atuação, suas responsabilidades e seus processos de formação e de ação. Assim, as mudanças ocorridas na sociedade estabelecem uma consequente necessidade de adequação da escola na atualidade.

A educação baseia-se no desenvolvimento individual e coletivo, em busca de uma vivência à cidadania, e, dessa forma, passa a ser responsabilidade de todos os que compõem a escola e o desenvolvimento do conhecimento, que também ocorre além dos muros escolares, ou seja, na própria sociedade e na comunidade na qual a instituição escolar está inserida. A educação passa a ser responsabilidade de todos os envolvidos por ela. Diante desse cenário, o professor é instado a assumir um novo perfil, respondendo às novas dimensões mediante os desafios da sociedade contemporânea. Por intermédio da formação continuada, o professor amplia saberes, como a interação com a problemática do contexto ao qual está inserido, buscando constantemente a atualização dos conhecimentos adquiridos, enfrentando conflitos, interagindo com o grupo e trocando experiências. Essa interação proporciona também ao professor a construção da sua identidade, quer seja pessoal ou profissional, além de contextualizar e aprimorar conteúdos que serão desenvolvidos em sala de aula, tendo em vista também que a pesquisa será fundamental em seu aprimoramento, uma vez que é um mediador do conhecimento.

Desse modo, pensar o currículo é refletir a respeito da postura do educador e de seu processo formador, considerando que a educação atualmente sofre profundas transformações, convivendo com as mais diversas gerações e perfis de um alunado jovem que clama por mudanças na educação.

Mas será que apenas a formação continuada do professor garantirá a qualidade do processo de ensino-aprendizagem? Deve-se levar em conta essa questão, uma vez que se faz necessária, porém adiantando que, nesse contexto, não será exclusivamente a formação continuada que garantirá o sucesso. Pode-se afirmar que ela é primordial na vida do professor, mas que de nada valerá se os conhecimentos adquiridos não forem colocados em prática e se não forem aprimorados no decorrer da trajetória desse profissional.

Portanto, é possível constatar a importância do professor e de sua formação, uma vez que ele atua na escola e que a escola representa o reflexo da sociedade. O professor lida com o coletivo, com o público e com a sociedade e, sendo assim, deve ser um cientista social, ou seja, deve ser dialético, globalizado, informado, deve ter conhecimento dessa contemporaneidade e saber explanar sobre diversos assuntos que possam surgir nas salas de aula.

Para atender a essas exigências, o professor deve refletir constantemente sobre a sua prática pedagógica, muitas vezes garantida pela formação continuada desse profissional, o que não significa cursar apenas a formação inicial, mas, sim, dar prosseguimento a ela.

ATENÇÃO! A formação também é composta pelas horas de estudo oferecidas nas escolas, nos cursos online ou por pesquisas realizadas pelo próprio professor. Apenas essas horas de estudo, do mesmo modo, não são garantias de sucesso no processo de ensino e aprendizagem escolar, mas também a partir da prática do professor, associada às estratégias diversificadas, representadas pelos conhecimentos adquiridos por ele em sua trajetória formativa. Portanto, esse processo não depende unicamente da formação continuada, perpassando, também, pelo propósito do professor em estabelecer intervenções a partir de suas experiências adquiridas e trocadas com outros profissionais no seu próprio processo de aprendizagem.

Uma vez que o conhecimento é construído e não transmitido, o professor deve estar preparado para lidar com essa nova realidade, deve ter claros os seus objetivos, os seus procedimentos e as suas estratégias. O professor deve incorporar ao seu trabalho a prática constante da ação investigativa e reflexiva. Essas práticas devem ser investigativas e norteadoras da reflexão para a sua ação. Por meio da pesquisa, o professor deve buscar novos conhecimentos, refletir sobre a sua prática, aprender a aprimorar novas intervenções, manter-se atualizado, sempre em contato com a realidade, em outras palavras, com as mudanças, buscar novas fontes de saber, desenvolver seus conhecimentos, aprimorar o raciocínio e também a sua escrita, tornando-se um profissional mais preparado para atuar constantemente, voltado ao processo de ação-reflexão-ação. No entanto, essa deve ser uma prática constante na vida de um professor, e todo o conhecimento construído deve também ser refletido, pois, de maneira contrária, de nada irá adiantar todo o esforço empreendido.

Por meio da formação continuada, o professor irá desenvolver práticas pedagógicas eficientes, que deverão ser trabalhadas em sala de aula, como meios de nortear a aprendizagem, podendo ser traduzidas em estratégias inovadoras e reflexivas que conduzam os seus alunos à construção do conhecimento.

Para cumprir adequadamente o papel de professor não é possível deixar de cumprir funções inerentes ao exercício de uma docência produtiva. Masetto (1996) enfatiza que existem alguns princípios educativos explorados por docentes os quais propiciam uma relação de aprendizagem e trabalho em equipe. São eles:

- favorecer situações em classe nas quais o aluno se sinta à vontade para expressar suas opiniões, seus pontos de vista e seus sentimentos;

- compartilhar com a classe a busca de soluções para problemas surgidos com um determinado conteúdo, com o professor, com o programa ou com os colegas;

- respeitar e fazer respeitar diferenças de opinião;

- incentivar a participação, a iniciativa, a cooperação dos alunos com os colegas;

- demonstrar que há explicações diversas para um mesmo fenômeno observado;

- relacionar os temas estudados com as vivências dos alunos;

- ser flexível e capaz de adaptar a programação;

- solicitar a colaboração dos alunos;

- fazer o planejamento do curso juntamente com a classe, incluindo formas de avaliação;

- incentivar os alunos a buscar novas informações.

Acima de tudo, não se esquecer de que o aluno é parceiro do professor e, como tal, tem voz no desenvolvimento de seu curso, conferindo-lhe ritmo próprio.

Esse trabalho dialoga com as tendências atuais da educação, as quais validam que a colaboração entre universidades e escolas de ensino fundamental e médio garante a qualidade da educação. Nessa relação, professor e alunos desempenham papéis diferenciados e, ainda em nossos dias, cabe ao primeiro tomar a maior parte das iniciativas.

Por meio dos projetos, notamos que o ritmo do trabalho é modificado e as tarefas são divididas entre os pares, discentes se corresponsabilizam pelas práticas educacionais e movem o ambiente educacional, que passa a ter sentido para os alunos na construção coletiva do conhecimento.

Glossário – Unidade 1

Aprendizagem – Mudança no comportamento de um indivíduo, a qual resulta de uma interação com o meio, ampliando o seu repertório de respostas e de conhecimento.

Comeniano – Este termo está associado a Comênio (1592-1670), autor de uma obra clássica sobre didática: a *Didática Magna*. O termo "comeniano" tem caráter revolucionário e é pautado por ideais religiosos.

Didática – Arte ou técnica de ensinar. Pode ser considerada uma reflexão sistemática que acontece na escola e na aula. É o estudo do processo de ensino-aprendizagem em sala de aula e de seus resultados, bem como pode ser compreendida pela busca de alternativas para a prática em sala de aula.

Escolanovista – Movimento segundo o qual a educação é o exclusivo elemento verdadeiramente eficaz para a construção de uma sociedade democrática, que leva em consideração as diversidades, respeitando a individualidade do sujeito apto a refletir sobre a sociedade e capaz de inserir-se nessa sociedade.

Ensino – Ação formal exercida de maneira sistemática e intencional para desenvolver a capacidade física, intelectual e moral do indivíduo.

Herbatiana – Relativo à teoria educacional de Herbart a qual gravita em torno da noção de função assimiladora, que ele denominou de apercepção. A apercepção é a assimilação de novas ideias por meio da experiência e de sua relação com as ideias ou conceitos anteriormente formados.

Pedagogia – É um conjunto de técnicas, princípios, métodos e estratégias da educação e do ensino, relacionado à administração de escolas e à condução dos assuntos educacionais em um determinado contexto, estudando, assim, os ideais de educação, segundo uma determinada concepção de vida, e os processos e técnicas mais eficientes para realizá-los, visando a aperfeiçoar e estimular a capacidade das pessoas, seguindo objetivos definidos.

Transdisciplinar – Diz respeito ao que está ao mesmo tempo entre as disciplinas, através das diferentes disciplinas e além de toda disciplina. A abordagem transdisciplinar configura uma nova organização do conhecimento aberto, sem fronteiras e que atravessa as disciplinas. Sua finalidade é a compreensão do mundo atual, e um dos imperativos para isso é a unidade do conhecimento, pela qual ela não procura o domínio sobre as várias outras disciplinas, mas a abertura de todas elas àquilo que as atravessa e as ultrapassa.

UNIDADE 2
UMA PROPOSTA DE ENSINO E APRENDIZAGEM PAUTADA NO COMPROMETIMENTO COM O PROCESSO EDUCATIVO

Capítulo 1 A construção de uma proposta de ensino-aprendizagem, 30

Capítulo 2 Desafios do educador, 31

Capítulo 3 O trabalho didático e o comprometimento com a totalidade do processo educativo, 34

Capítulo 4 Consideração da criatividade como valor social, 35

Capítulo 5 Competências e habilidades no processo educacional, 36

Capítulo 6 Formação pedagógica do professor e o comprometimento no processo educativo, 39

Glossário, 42

1. A construção de uma proposta de ensino-aprendizagem

O modelo de professor "proprietário e transmissor" de conhecimentos está presente em todos os níveis de ensino, porém, no ensino superior, o modelo é ainda mais forte devido à tradição secular desenvolvida nas universidades – no Brasil, especialmente nas faculdades de direito – de "aulas palestras" em que os mestres, considerados especialistas em determinadas áreas do conhecimento, expõem seus saberes aos alunos que, por sua vez, comportam-se como "plateia". Nesse modelo, o professor se exime de qualquer responsabilidade quanto à aprendizagem do aluno. Não é incomum ouvir do professor a seguinte frase: "eu ensinei, os alunos que não aprenderam".

Tal padrão de docência contraria totalmente as concepções atuais de processo didático. De acordo com Pimenta (2002), "a prática social complexa efetivada entre os sujeitos professor e aluno em sala de aula engloba tanto a ação de ensinar quanto a de aprender".

Segundo Libâneo (1994), a aprendizagem pode ocorrer de forma casual ou sistemática. A aprendizagem casual ocorre quase sempre de forma espontânea e surge da interação entre as pessoas no ambiente em que vivem; pode se dar pelos meios de comunicação, por leituras, conversas, convivência social, observação de objetos ou acontecimentos. A aprendizagem organizada é a que se restringe a determinadas habilidades ou conteúdos. Na escola é possível vislumbrar esse processo de transmissão de conhecimentos, de forma planejada e intencional, embora outros lugares institucionais também possam proporcionar a análise da situação em si.

Ensinar, de acordo com Pimenta, contém uma utilização intencional – a intenção da aprendizagem – que nem sempre vem acompanhada da efetiva ocorrência da aprendizagem por parte do aprendiz. Em uma aula tradicional, o professor explica o conteúdo da disciplina – suas definições ou sínteses, desconsiderando que foram historicamente construídas, que são temporárias, que estão ligadas a uma determinada pesquisa e com um propósito teórico. Nesse tipo de ensino, o professor é quem detém o saber, tornando-se portador de garantia da verdade.

A teoria didática discutida por Libâneo (1994), dentre outros, refere-se à compreensão de que a ação de ensinar não se limita à simples exposição de conteúdos, mas implica a necessidade de êxito no que se pretendia fazer – no caso, ensinar.

*A*TENÇÃO! *De acordo com as breves definições acima apresentadas, é possível afirmar que ensinar é função docente e aprender é função discente?*

2. Desafios do educador

Um dos grandes desafios do professor universitário é selecionar, do campo científico, os conteúdos e os conceitos a serem apreendidos, em virtude da complexidade, da heterogeneidade, da singularidade, da flexibilidade do conhecimento produzido e em produção, uma vez que a ciência é um campo em constante mudança e construção. Conteúdos e conceitos são partes de uma disciplina e de um quadro teórico-prático global de um curso e contêm determinada lógica que leva a uma forma específica de percepção, pensamento, assimilação e ação.

Ao aprender um conteúdo, aprende-se também determinada forma de pensá-lo e de elaborá-lo, motivo pelo qual cada área exige formas de ensinar e de aprender específicas, que explicitem as respectivas lógicas. Esse dado aponta para a necessidade de uma **competência** docente na definição de ações a serem efetivadas pelos alunos sob sua supervisão, visando aos objetivos pretendidos de estabelecer um processo de apreensão e de construção do conhecimento. Para que tal processo se efetive com a parceria e a colaboração do aluno, é importante o estabelecimento de uma relação contratual na qual ambos, professor e aluno, terão responsabilidades na conquista do conhecimento. Esse processo compartilhado de trabalhar os conhecimentos, no qual concorrem conteúdo, forma de ensinar e resultados mutuamente dependentes, é denominado processo de **ensinagem** (PIMENTA, 2002).

O termo "ensinagem" surge para ampliar e dar conta da complexidade do ensino. Indica uma prática social complexa que envolve os sujeitos – professor e aluno –, engloba as ações de ensinar e de aprender e inclui um processo contratual de parceria deliberada e consciente para o enfrentamento da construção do conhecimento escolar. Resulta, então, de ações ocorridas dentro e fora da sala de aula.

Em outras palavras, ensinagem é um termo adotado para significar uma situação de ensino da qual, necessariamente, decorre a aprendizagem, sendo que a parceria entre professor e alunos é a condição fundamental para a construção dos conhecimentos.

De acordo com as novas tendências didáticas para o ensino superior, a ação de ensinar deve estar relacionada à ação de aprender. A meta do ensino é a apropriação do conteúdo juntamente com a apropriação do processo pelo aluno. Dessa forma, as orientações pedagógicas referem-se a momentos a serem construídos pelos sujeitos em ação, respeitando o movimento do pensamento, que não é estanque.

Na ensinagem, a ação de ensinar é definida na relação com a ação de aprender, pois o ensino desencadeia necessariamente a ação de aprender. Essa perspectiva possibilita o desenvolvimento do método dialético de ensinar.

A partir desse pressuposto, supera-se a visão de senso comum de docência associada à aula expositiva como única forma de ensinar. O professor deixa de ser o palestrante e o aluno deixa de ser o copista de conteúdo. A aula torna-se um momento privilegiado de encontro e de ações, não devendo ser dada e nem assistida, mas construída, elaborada pela ação conjunta de professores e alunos.

Ensino e aprendizagem transformam-se em unidade dialética. Nesse caso, o professor desempenha um papel de mediador e o aluno o de construtor do próprio conhecimento, no desenvolvimento de atividades voltadas à:

- mobilização para o conhecimento;
- construção do conhecimento;
- elaboração de síntese do conhecimento.

Mediante essas três dimensões do trabalho pedagógico, obtém-se a orientação para o processo de construção do conhecimento – ensinagem – em sala de aula na universidade.

A mobilização para o conhecimento, caso o aluno ainda não esteja mobilizado rumo ao seu processo pessoal de aprendizagem, cabe ao professor, estimulando, provocando, acordando e sensibilizando o aluno em relação ao objeto.

Vasconcellos (2003) sugere que se estabeleça uma articulação entre a realidade concreta e o grupo de alunos, suas redes de relações, visões de mundo, percepções e linguagens, de modo que possa acontecer o diálogo entre o mundo dos alunos e o objeto a ser conhecido.

Desse modo, o papel do professor será o de estimular os alunos, ajudando-os na construção de uma relação com o objeto de aprendizagem que, em algum nível, atenda a uma necessidade deles, auxiliando-os na tomada de consciência das necessidades apresentadas socialmente a uma formação universitária (PIMEN-TA e ANASTASIOU, 2002). A dimensão de construção do conhecimento refere-se à atitude do aluno de penetrar no objeto, compreendendo-o em suas relações internas e externas, captando sua essência.

Nesse nível de interação, o aluno deve construir o conhecimento por meio da elaboração de relações, sabendo-se que quanto mais abrangentes e complexas forem, melhor o aluno estará conhecendo. O professor deve orientar o trabalho de modo a fazer que o aluno seja capaz de decifrar, de compreender e de propor soluções. Apesar de a motivação ser condição necessária para a aprendizagem, por si só não é suficiente, portanto, para que a aprendizagem seja eficaz, há a necessidade da ação do sujeito sobre o objeto de conhecimento.

Segundo Pimenta, algumas categorias poderão orientar a definição das atividades dos alunos na construção do conhecimento:

- **significação**: visa a estabelecer vínculos, os nexos do conteúdo a ser desenvolvido. A proposta efetivada em sala de aula deverá ser significativa para o aluno, tomando a significação anteriormente citada como o processo de vinculação ativa (mediante necessidades, finalidades) do sujeito ao objeto do conhecimento;

- **problematização**: na origem da busca pelo conhecimento está presente um problema, uma gênese que pode ser recuperada no estudo do conteúdo;

- **práxis**: ação (motora, perceptiva, reflexiva) do sujeito sobre o objeto a ser conhecido. Toda aprendizagem é ativa, exige essa ação, que também possibilita a articulação do conhecimento com a prática social que lhe deu origem;

- **criticidade**: o conhecimento deve estar ligado a uma visão crítica da realidade, buscando a verdadeira causa das coisas, a essência dos processos, quer sejam naturais, quer sejam sociais, indo além das aparências;

- *continuidade-ruptura*: parte-se de onde o aluno se encontra (senso comum, visão sincrética) para, sob o efeito da análise, possibilitar a construção de uma síntese que represente um conhecimento mais elaborado;

- *historicidade*: trabalhar os conhecimentos em seu quadro relacional, ressaltando que a síntese existente no momento, por ser histórica e contextual, poderá ser superada por novas sínteses. Além disso, identificar e dar a conhecer as etapas de elaboração que a humanidade atravessou para chegar à síntese atual;

- *totalidade*: combinar a síntese com a análise, articulando o conhecimento com a realidade, seus determinantes, seus nexos internos.

A elaboração da síntese do conhecimento é, na perspectiva dialética, o momento do processo didático em que o educando deve ter a oportunidade de sistematizar o conhecimento que vem adquirindo e expressá-lo concretamente, seja de forma oral, gestual, gráfica/escrita ou prática.

As dimensões descritas anteriormente baseiam-se em uma metodologia dialética, em que há uma concepção clara de homem e de conhecimento. O homem é entendido como um ser ativo e de relações. O conhecimento é construído pelo sujeito em sua relação com os outros e com o mundo, significando que o conteúdo precisa ser trabalhado, refletido, reelaborado pelo aluno, para se construir um conhecimento por ele apropriado.

3. O trabalho didático e o comprometimento com a totalidade do processo educativo

O professor de nossos dias é um profissional comprometido com os valores sociais de seu país e de sua comunidade. O seu trabalho não se limita à transmissão da cultura, convenientemente selecionada e adaptada, mas abrange a promoção de valores sociais, como a tolerância, o respeito às pessoas e à natureza, a defesa da paz e da convivência etc.

4. Consideração da criatividade como valor social

Podemos afirmar que a criatividade não é unicamente uma qualidade pessoal, mas trata-se de um valor que os professores precisam identificar, desenvolver e difundir em seus alunos. Da mesma forma que a educação ou a saúde são valores cuja salvaguarda compete aos Estados, o futuro de um país está na capacidade criativa das gerações jovens.

Essa é a razão pela qual o docente deve ampliar o campo de significados, de atitudes e valores, de crenças e expectativas quanto ao processo de formação. O que se entende por realidade é reduzido, muitas vezes, ao tipo de realidade que cada indivíduo tem ao alcance de sua consciência. O que não está na consciência dificilmente pode ser utilizado. A consciência, então, torna-se um valor fundamental em um enfoque de interação socioafetiva. Saber mais ou saber fazer coisas novas demonstra que existe uma consciência mais ampla dos conceitos ou práticas relacionados a essas ações. Desenvolver a consciência social é transferir para a prática educativa valores, tais como a tolerância, o respeito aos demais indivíduos, a convivência, a conservação da natureza, entre outros.

Se o ser humano fosse total e exclusivamente determinado por suas características genéticas, não haveria necessidade de escola nem de educador. Mas sabe-se que a realidade não é essa. É pela possibilidade de aprender que o aluno se desenvolve como ser humano e como cidadão.

A escola e o professor trabalham com a aprendizagem do aluno, em um processo infinito. Aprende-se, e sempre. Além disso, aprender não é uma propriedade exclusiva do aluno: o professor também aprende nesse processo.

Quando se fala em aprender, entende-se: buscar informações, rever a própria experiência, adquirir conhecimentos, desenvolver habilidades, adaptar-se a mudanças, mudar comportamentos, descobrir o sentido das coisas, dos fatos e dos acontecimentos. Os verbos utilizados neste parágrafo priorizam o aluno como agente principal e responsável por sua aprendizagem. As atividades estão centradas no aluno, em suas capacidades, condições e oportunidades.

De modo análogo, o significado de ensinar diz respeito a: instruir, fazer saber, comunicar conhecimentos, mostrar, guiar, orientar, dirigir, desenvolver habilidades – todos os verbos apontam para o professor como agente principal e responsável pelo ensino. Dessa forma, o ensino centraliza-se no professor, em suas qualidades e habilidades.

A escola existe em função do aluno e da sociedade na qual se insere e, por essa razão, deverá privilegiar a aprendizagem de seus alunos. Ao mesmo tempo, entende-se que a aprendizagem e o ensino são processos indissociáveis. O ensinar se define em função do aprender.

Com relação às práticas escolares, é **relevante** observar que o modo como os professores realizam o seu trabalho, selecionam os conteúdos das disciplinas, organizam os tempos e os espaços escolares, orientam as atividades dos alunos e definem instrumentos de avaliação indica as intenções educativas e as concepções de aprendizagem que os orientam.

Observando as práticas escolares do dia a dia dos professores, de maneira geral, podem-se notar evidências da presença de elementos das várias teorias pedagógicas, nem sempre inseridos intencionalmente: na verdade, resultam do conteúdo incorporado pela passagem desses profissionais pela escola, quando alunos, das trocas com os colegas de profissão, de prescrições dos livros didáticos, dos cursos de formação e de soluções empíricas geradas no dia a dia da sala de aula.

Identificar as ideologias subjacentes às próprias práticas, posicionando-se coletivamente sobre elas, é um passo importante no processo de autoconhecimento das escolas que desejam construir seu próprio caminho. Construir o seu Projeto Político Pedagógico é o grande desafio das escolas atualmente, e esse projeto não se constrói sem uma consciência crítica e coletiva da direção que se deseja tomar. Educar para conservar ou transformar? Formar cabeças cheias ou cabeças bem feitas? A criatividade do alunado deve sempre estar contemplada nesse processo.

A reflexão conjunta sobre questões dessa natureza é fundamental para a organização curricular. A (re)construção da escola interpenetra o processo de formação sem serviço do seu grupo de educadores. Inúmeros professores da escola pública, que se ocupam hoje de uma pedagogia e de conteúdos socioculturais articulados com a adoção de métodos que garantam a participação do aluno em um processo de aprendizagem significativa, avançam na construção de uma nova escola.

Coerentes com esse propósito, esses profissionais buscam formas alternativas de desenvolver o processo de ensino-aprendizagem, fundamentadas em teorias da aprendizagem de base construtivista, interacionista e sociointeracionista, de forma a garantir a todos os alunos o lugar de sujeitos do processo de conhecimento, promovendo o desenvolvimento de sua criticidade e de sua autonomia moral e intelectual, necessárias à construção de identidades conscientes de seus direitos e deveres.

5. Competências e habilidades no processo educacional

Segundo Perrenoud (2000), competência é a faculdade de mobilizar um conjunto de recursos cognitivos (saberes, capacidades, informações) para solucionar com pertinência e eficácia uma série de situações. Para ilustrar essa ação, seguem três exemplos de ordem geral:

Unidade 2 – Uma proposta de ensino e aprendizagem pautada no comprometimento...

- saber orientar-se em uma cidade desconhecida mobiliza as capacidades de ler um mapa, localizar-se, pedir informações ou conselhos, e os seguintes saberes: ter noção de escala, elementos da topografia ou de referências geográficas;

- saber curar uma criança doente mobiliza as capacidades de observar sinais fisiológicos, medir a temperatura, administrar um medicamento, e os seguintes saberes: identificar patologias e sintomas, primeiros socorros, terapias, riscos, remédios, serviços médicos e farmacêuticos;

- saber votar de acordo com seus interesses mobiliza as capacidades de saber se informar, de preencher a cédula, e os seguintes saberes: noções sobre instituições políticas, processo de eleição, candidatos, partidos, programas políticos, políticas democráticas etc.

Outras competências estão ligadas a contextos culturais, profissionais e a condições sociais. Os seres humanos vivem situações diferentes uns dos outros e desenvolvem competências adaptadas ao seu mundo. A selva das cidades exige competências diferentes da floresta virgem, os pobres têm problemas diferentes dos ricos para resolver. Algumas competências em grande parte desenvolvem-se na escola, outras não.

No que se refere à parceria professor-aluno, o docente sai da situação confortável de transmissor de informações e migra para a de corresponsável pela formação profissional do discente. Este, por sua vez, reconhece no professor um colaborador e se sente mais motivado no seu processo de formação, pois constrói sua aprendizagem de maneira mais participativa e responsável, por ver no professor um porto seguro.

Para que esse processo aconteça, é necessário que o docente universitário tenha competência para trabalhar em uma sociedade que passa por um momento de reconstrução. Na verdade, esse professor precisa de um conjunto de competências que interferem diretamente na ação educativa.

Trata-se de um processo longo, de algo a ser construído igualmente em longo prazo, que necessita de muita dedicação e que precisa estar embasado por teorias, postulados e pelo domínio de estratégias de ensino.

Eis algumas dessas competências:

- construir o conhecimento de forma compartilhada e dinâmica;

- ler, interpretar, interagir e modificar, se possível, uma realidade;

- conduzir o processo de aprendizagem e perceber que esta é contínua e inacabada;

- decidir e analisar os caminhos pedagógicos que nortearão as ações docentes;

- permitir a participação da comunidade escolar no processo de construção da aprendizagem, tendo como foco a realidade do educando.

A competência do docente está ligada diretamente ao conhecimento técnico, que não é definitivo, pois atende a uma sociedade em constantes mudanças. Pensando nessa sociedade, Alarcão (2003) traça algumas dimensões, que não deixam de ser também competências e que precisam ser analisadas pelo professor em sua rotina diária de sala de aula:

- conhecimento do conteúdo disciplinar – conceitos, definições e peculiaridades da disciplina a ser ensinada;

- conhecimento pedagógico geral – estratégias de ensino e forma de organizar a disciplina;

- conhecimento do currículo – visão holística do nível de ensino e do perfil de aluno que a instituição quer formar;

- conhecimento dos fins educativos – consonância entre os objetivos do docente com os dos alunos, bem como os já previamente traçados pela instituição escolar;

- conhecimento de si mesmo e de sua filiação profissional – propulsores da ação docente e indicadores de limites e necessidades, de acordo com as exigências do mercado.

No que se refere ao enfrentamento dos desafios acadêmicos, o professor ocupa um papel estratégico, pois é necessário que ele tenha competência para lidar com essa nova situação, uma vez que a expansão quantitativa do ensino superior obriga-o a refletir sobre a necessidade de melhoria também qualitativa, em nome do progresso e das expectativas da sociedade, que merece dias melhores. Na universidade, cabe ressaltar oito fatores que podem contribuir para aumentar o rendimento do aluno. São eles:

- prontidão para aprender: maturação orgânica (não é controlada pelo professor), experiência anterior (específica na matéria, geral na aprendizagem e experiência afetiva) e motivação (predisposição);

- atitude ativa: querer aprender e dedicar-se, buscar o conhecimento;

- sentido da aprendizagem: possibilidade de associações, forma ou organização do material a ser aprendido e utilidade da aprendizagem;

- repetições espaçadas: graduar o conteúdo de modo que sejam feitas revisões constantes em períodos diferentes;

- conhecimento do progresso: conhecimento dos resultados, do avanço do aluno;

- ensino para a prática: colocar em ação o que se aprende, ou se aprende na ação;

- superaprendizagem: aprender da melhor forma possível, procurando aprofundar-se nos assuntos e resolver problemas do cotidiano;

- aprendizagem livre: atender às necessidades do aluno e aprofundar os temas do interesse dele.

6. Formação pedagógica do professor e o comprometimento no processo educativo

O professor que atua no ensino superior precisa desenvolver questões éticas, humanas, sociais, políticas, profissionais e de desenvolvimento sustentável intimamente ligado às questões do meio ambiente. Sendo assim, cabe a cada profissional refletir sobre essas necessidades e começar a desenhar o seu perfil, levando em conta essas e outras questões que se colocarem.

Tomando como fundamento atual a Lei de Diretrizes e Bases da Educação n. 9.394/96, percebe-se que desde a nomenclatura trazida para esse nível de ensino começa-se a imprimir, no ideário do professor universitário, um suposto perfil para o profissional da educação que, por sua vez, remete à necessidade de se compreender o processo educacional para além do aspecto de ensino.

A formação inicial é como um combustível que permite que se rodem alguns quilômetros, e a pesquisa e dedicação constante é que permitirão um reabastecimento viável às demandas crescentes em relação ao desempenho profissional de cada um.

Pesquisar a própria prática na sala de aula é ação realizada com intencionalidade que revela o profissionalismo do docente: rever a própria prática, debruçar-se e refletir sobre ela são ações necessárias a toda profissão. Uma ação profissional competente é diferente de uma ação resultante de uma ocupação, de um emprego ou bico. A diferenciação entre profissionalismo e empregabilidade permite maior clareza no processo de construção dos professores como categoria profissional. Ainda sobre a necessidade de conduzir o processo de ensino nas classes da educação superior, vinculado ao exercício acadêmico responsável, é fundamental que um profissional da educação superior conheça, aplique e retome em seu cotidiano a metodologia científica na elaboração dos próprios trabalhos e nos que proporá aos acadêmicos. Afinal, os resumos, as resenhas, os fichamentos, as pesquisas bibliográficas e as pesquisas de campo, entre outras, são ferramentas indispensáveis aos docentes nessa etapa de escolarização.

A educação escolar, em qualquer nível, etapa ou modalidade, não se configura como um exercício simples. Afinal, arriscado e simplista seria ignorar tais fatores e arriscar a si mesmo e aos outros no exercício amador de uma tarefa que não suporta amadorismos, que certamente terão impactos negativos na sociedade e na formação profissional de elementos fundamentais ao desenvolvimento social. Não existem modelos prontos e fantásticos que, se copiados, resultarão em sucesso absoluto.

Uma estratégia bastante válida é trazer profissionais da área de formação dos docentes para debater em classe aspectos teóricos e práticos referentes ao exercício profissional. São muitos os argumentos contrários à necessidade de uma formação pedagógica para docentes, por ser tardia e interferir em seu jeito de caminhar. A própria legislação deixa lacunas a esse respeito. No entanto, na prática, a maioria dos profissionais que atuam na mesma área sentem ou já sentiram a necessidade de aprender para utilizar esse conhecimento em seu cotidiano.

Muitos atuam como docentes baseados apenas nos referenciais que trazem de antigos mestres, de colegas e/ou de situações do seu cotidiano profissional. Há ainda os que pensam não ser tão necessário se armar de cabedal teórico e prático para incentivar e levar o aluno da educação superior a motivar-se, pois essa já é uma premissa básica para se tornar docente.

A análise das dimensões que constroem a profissão de professor é realizada a partir da discussão sobre o trabalho e as condições nas quais se exercem as atividades docentes. Assim, a análise das trajetórias dos profissionais da educação permite que se apreendam duas concepções de cunhos diferentes sobre a profissão: a primeira compreende a profissão assentada sobre a aquisição de saberes formais, codificados e transmissíveis, as atitudes requeridas no desenvolvimento das situações de ensino, fundadas sobre conhecimentos formais e atestadas por diplomas universitários; a segunda fundamenta a profissão construída no processo de trabalho, sobre as qualidades pessoais, na experiência no trabalho em grupo e na solidariedade construída nas relações de trabalho. Essas duas dimensões resultam de diferentes modos de socialização profissional

e estruturam diferentes formas **identitárias** para aqueles que se reconhecem como professores.

Desse modo, os professores reconhecem-se como resultantes da articulação entre teoria e prática: os ofícios fundados sobre a aprendizagem, a experiência e o *savoir-faire*. As diferentes possibilidades de articulação entre essas duas formas são construídas pelos professores em suas trajetórias.

O trabalho organiza-se sobre um sistema hierarquizado e burocratizado, no qual se valorizam mais os diplomas e os saberes formais do que a experiência e o saber fazer. Aqueles que estão no "topo" da carreira ou que permanecem no emprego são os mais titulados; entretanto, essa condição não parece suficiente para se obter o êxito nas atividades docentes. No exercício cotidiano do trabalho, os professores criam mecanismos que favorecem a mobilização subjetiva expressa no engajamento nas atividades de trabalho. Mas as formas de seleção, a permanência no emprego e a mobilidade na carreira privilegiam os conhecimentos formais e colocam limites aos mecanismos de engajamento subjetivo à atividade de trabalho. Existe uma tensão entre a exigência do *savoir-faire,* que implica mobilização subjetiva dos professores, e as possibilidades de se traduzir esse *savoir-faire* em qualificação profissional.

Os dispositivos de mobilização dos professores engendram tensões pelo não reconhecimento social de seus esforços nas atividades docentes. A profissão é dividida por lógicas diferentes, contraditórias, formas de identificação divergentes: de um lado, a qualificação profissional construída sobre os saberes formais e diplomas e, de outro, as competências profissionais construídas sobre a mobilização do *savoir-faire.*

Glossário – Unidade 2

Ensinagem – Processo do ensino do qual resulta a aprendizagem que ocorre mediante a mediação do professor entre aluno e conteúdo. Papel do professor de produzir e dirigir as atividades para a mobilização do aluno a construção e elaboração de seu conhecimento.

Competência – Segundo Perrenoud, competência é a capacidade de mobilizar diversos recursos cognitivos para enfrentar um tipo de situação.

Criticidade – O conhecimento deve estar ligado a uma visão crítica da realidade, buscando a verdadeira causa das coisas, a essência dos processos, sejam naturais, sejam sociais, indo além das aparências.

Identitária – Relacionada com a identidade (ôntica, lógica e filosófica).

Práxis – É a união que se deve estabelecer entre o que se faz (prática) e o que se pensa acerca do que se faz (teoria). Conceito comum no marxismo, que é também chamado filosofia de práxis, designa a reação do homem às suas condições reais de existência, sua capacidade de inserir-se na produção (práxis produtiva) e na transformação da sociedade (práxis revolucionária).

Problematização – Baseia-se na criatividade e possibilita reflexão e ação críticas sobre a realidade, comprometidas com a transformação social. Na origem do conhecimento está presente um problema, gênese que pode ser recuperada no estudo do conteúdo.

Significação – Estabelecimento de vínculos, nexos do conteúdo a ser desenvolvido. A proposta efetivada em sala de aula deverá ser significativa para o aluno, tomando a significação anteriormente citada como o processo de vinculação ativa (mediante necessidades, finalidades) do sujeito ao objeto do conhecimento.

Relevância – O papel e o espaço do ensino superior na sociedade, cobrindo, portanto, sua missão e funções, programas, conteúdo e sistema de divulgação, assim como a equidade e as questões de financiamento e responsabilidade pelas contas. Ao mesmo tempo, enfatiza a liberdade acadêmica e a autonomia institucional com princípios fundamentais para assegurá-las e enaltecê-las.

UNIDADE 3

SELEÇÃO DE MATERIAL DIDÁTICO, SISTEMATIZAÇÃO DO CONTEÚDO E FORMAS DE CONSTRUÇÃO DE CONHECIMENTO

Capítulo 1 Seleção e uso do material didático, 44

Capítulo 2 Estratégias e metodologias para o alcance da educação, 44

Capítulo 3 Técnicas de ensino no uso de material didático, 47

Capítulo 4 Sistematização do conteúdo e formas de construção do conhecimento, 49

Glossário, 57

1. Seleção e uso do material didático

Nesta Unidade refletiremos sobre as possíveis perspectivas com que se pode tratar a importância da escolha de metodologias de ensino como um dos elementos essenciais na organização do trabalho pedagógico.

Vamos nos ocupar especificamente de uma dessas perspectivas que tratam do modo de utilizar estratégias e metodologias do ensino com caráter organizativo dentro das unidades escolares. O que proporemos é a reflexão acerca de algumas estratégias de ensino, ou seja, metodologias que podem permear o espaço educativo.

2. Estratégias e metodologias para o alcance da educação

Faz-se necessário observar que toda proposta organizacional voltada para o ambiente educativo precisa estar centrada na eficácia, para conseguir atingir o objetivo proposto. Desse modo, tudo que se possa propor, projetar, decidir, realizar etc. deverá estar voltado para que se obtenha a transformação pessoal, pois sem ela não ocorre educação, conforme discutido anteriormente.

Uma instituição voltada para a educação necessita ter como fim a administração e organização das pessoas como sujeitos e objetos ao mesmo tempo, com a finalidade de que se consiga educar de uma forma eficaz e real.

Não é possível conceber uma instituição educativa que não esteja voltada para uma aprendizagem constante que, além de envolver todos os componentes e âmbitos da instituição, deve ser percebida verdadeiramente como criativa.

Sabemos que toda a aprendizagem pressupõe mudanças e transformações que se moldem ao seu ambiente educacional. Se a aprendizagem se coloca como opção concreta feita por um indivíduo ou por quem organiza uma instituição, estamos falando, então, de aprendizagem criativa, ou seja, a aprendizagem praticada para conseguir o que se pretende, o que também pressupõe mudar a forma de ser e de se relacionar com os grupos e pessoas dessa instituição, mudança que deve acontecer com objetivos geralmente inovadores.

Na verdade, o que averiguamos ao longo da evolução das metodologias de ensino é que a força e o dinamismo da aprendizagem, em um tempo de mudanças turbulentas, pedem que a educação e as instituições que com elas trabalham estejam em contínua evolução. Por fim, as pessoas e instituições ou decidem o que querem conseguir, adotando uma aprendizagem criativa para dar resposta às novas exigências sociais, ou se defrontarão com o fato de ter de deixar que os outros decidam por elas.

Diante do exposto, notamos que não podemos falar de estratégias e metodologias de ensino se estas não definirem claramente seus objetivos, suas metas e, em consequência, se não determinarem os diversos objetivos pelos quais optou, coerentes com seu objetivo maior.

É a partir dessa análise que poderemos começar a falar de estratégias em sala de aula, visto que a estratégia pretende exatamente dar uma resposta que nos diga como podemos chegar a essa meta que pretendemos e convertê-la em objetivo. E, uma vez definido isso, será o momento de estabelecer os planos de ação e projetos que converterão o objetivo na realidade que almejamos.

Existem muitos modos de estabelecer as metodologias e implantá-las. Qualquer que seja o modo, deve ser escolhido de forma participativa, já que essa é a única maneira de as estratégias serem possíveis e aceitas. Seja qual for a proposta que adotemos, não poderemos deixar de observar os pontos a seguir:

- partir de um objetivo formulado de forma correta;
- estudar todas as possíveis estratégias de ensino que podem afetá-lo;
- decidir como devemos e podemos atuar para alcançar esse objetivo.

O professor deve se perguntar, antes de tudo:

- Como podemos atingir o objetivo a que nos propusemos?
- Quais são os caminhos mais práticos para torná-lo possível?

Ao observar seu plano de aula, vale refletir sobre as respostas para essas duas últimas questões, as quais nos darão uma pista sobre as estratégias que devemos adotar no processo de ensino e aprendizagem. E, quando estas estiverem especificadas, devemos continuar nos interrogando:

- São apropriadas?
- São realistas?
- Que consequências podem ocasionar?
- A estratégia é adequada a um bom posicionamento na área da educação?

- A metodologia é legal, moral, ética?
- A estratégia aproveita os pontos fortes da turma ou da instituição e evita as debilidades?

Até este momento, estamos lidando com as propostas teóricas. Se quisermos ir adiante, para tornar viável a proposta, deveremos utilizar todas as técnicas que possam nos ajudar a colocar em prática as metodologias de ensino, levando em consideração a realidade na qual o aluno está inserido, a demanda da região, o suporte pedagógico, a formação continuada, entre outros.

Existe uma questão fundamental relativa à metodologia do ensino a qual consideramos importante debater. Trata-se do reconhecimento de que nem todo problema pedagógico pode ser considerado de cunho didático-metodológico, preestabelecido em uma prática educativa.

ATENÇÃO! PARA REFLEXÃO: Você concorda que nem todo problema pedagógico é considerado de cunho didático-metodológico, preestabelecido em uma prática educativa?

Essa questão nos conduz à reflexão de que as situações didáticas não podem ser reduzidas à transmissão de conteúdos. O mais importante é compreender o campo de aplicação da metodologia, adequando as fórmulas didáticas que engessam o trabalho do educador à criação de novas alternativas de ensino--aprendizagem.

ATENÇÃO! PARA REFLEXÃO: Você se recorda de algum professor que manteve suas aulas direcionadas à transmissão de conteúdos? Agora pense em um professor que fez toda a diferença na sua vida de estudante por adequar metodologias de ensino e didática, o que possibilitou a ampliação de conhecimentos de maneira salutar.

3. Técnicas de ensino no uso de material didático

Uma das técnicas que se mostram mais úteis na hora de agir é a que denominamos **sistematização** do conhecimento, que apresenta três fases interligadas:

- fase espontânea;
- fase reflexiva;
- fase técnica.

Na fase espontânea, supõe-se que a realização do trabalho seja participativa e, portanto, se dará por meio de um grupo de docentes e equipe gestora, ou vários deles, que conduzirão a referida ação. Assim, uma vez reunido o grupo e todos sabendo o que se deve fazer, a primeira ação a ser executada é a de responder, de forma espontânea, por se tratar de uma "chuva de ideias" (*brainstorming*), às perguntas:

- Como chegar ao objetivo e o que devemos fazer para atingi-lo?

Deve-se proceder da seguinte forma: primeiro, fazer uma lista, numa lousa ou em papel, das ideias que surjam no diálogo. Depois, deve-se colocá-las em ordem de prioridade quanto à sua possível eficácia. Uma lista definitiva deve ser feita com as ideias mais importantes. Se a quantidade e a riqueza de conteúdo dessa lista forem suficientes para atingir o objetivo, ela será usada para projetar os programas de ação. Caso contrário, deve-se passar para a fase dois.

Na fase reflexiva, os grupos de educadores devem refletir sobre os seguintes pontos:

- O que se fazia antes, na unidade escolar, quando se queria atingir o objetivo proposto? Por quê?
- O que estão fazendo hoje outras escolas semelhantes à nossa e que de fato conseguem realizar seus objetivos? Por quê?
- O que funciona do que já está sendo feito em outras unidades escolares?
- De tudo que se viu nos pontos anteriores, que ideias e ações poderiam ser usadas no futuro?

As duas primeiras questões são muito importantes porque se trata de pontos de referência nesse tipo de metodologia de ensino os quais costumam ser esquecidos com frequência. O importante é recolher ideias sobre boas práticas de ensino e aprendizagem e que sejam possíveis de adequar à realidade no momento propício da aprendizagem

Se acreditarmos que a lista de ideias já é suficiente, passamos à confecção dos planos de ação. Caso contrário, vamos para a terceira fase. Se a segunda fase não nos satisfez, é o momento de nos valermos da técnica. Cabe destacar nessa fase, os pontos fortes da unidade escolar (gestores, profissionais, convênios, estrutura física), com as oportunidades que tem a instituição com relação ao objetivo que se pretende atingir no projeto, na sequência didática, na aula.

Na transposição das estratégias e metodologias de ensino para o campo curricular, ressaltamos os seguintes aspectos:

- Contexto – o docente deve utilizar essa estratégia quando estiver tratando de elementos organizativos de uma instituição. Para obter bons resultados, é essencial que se identifique claramente o contexto em que a organização transita, bem como o elemento em estudo dentro dela.

- Destinatários – a ação docente deve recair sobre um ou vários grupos. Grupos em que sempre haverá um líder ou uma personalidade responsável. Sem eles será difícil para o grupo ir adiante na consecução das estratégias.

- Objetivos – devem estar claramente definidos. O erro mais evidente que o docente pode cometer é formular os objetivos como simples desejos ou de forma muito vaga, pois, assim, as estratégias serão sempre aproximativas e pouco eficazes.

- Recursos – nesse tipo de estratégia, os recursos são muito poucos. No entanto, se não foram definidos exatamente o contexto da organização nem seus objetivos, essa estratégia se torna vazia de sentido e não teremos os elementos ou os recursos suficientes para atuar.

- Atividades – as atividades a serem realizadas vêm claramente expostas em todo o processo de estratégias. Cremos que o erro de muitos docentes consiste em confundir essas atividades com as próprias estratégias.

Para atender às diferentes estratégias e aos diferentes estilos de aprendizagem, é fundamental escolher os procedimentos que serão utilizados para o desenvolvimento dos conteúdos e para atendimento dos objetivos e/ou das competências e habilidade.

Assim, um professor, antes de dar uma aula, deve pensar nas estratégias de que se valerá. Estaria, dessa forma, pondo em prática a primeira fase. Porém, se quiser ser realmente inovador, deverá recordar as estratégias utilizadas por seus próprios mestres, cotejando-as com as utilizadas por seus colegas de profissão. Todas elas poderão ajudá-lo a dominar melhor o tema que quer expor. Está claro que não se deve desprezar nenhuma dessas contribuições por critério de antiguidade, simpatia pessoal, matérias diferentes. O importante é adicionar novas ideias que o façam sair dos estereótipos, processo que o situaria na segunda fase, exposta anteriormente.

Finalmente, como terceiro passo, o professor deve analisar tanto seus pontos fortes quanto os do grupo. Isso significa que deve reconhecer o que faz melhor e quais aspectos positivos tem o grupo, ou sua matéria, para poder aproveitá-los. Junto com eles, devem-se observar as oportunidades presentes naquele momento: artigos de jornais, imagens de TV, fatos impactantes, propostas políticas emergentes, tudo o que pode e deve aproveitar. Não devem ser esquecidos o estudo do espaço da classe, a hora da aula, o material de que se dispõe, o tema que deve ser desenvolvido etc. Tudo isso, se for analisado de forma sistemática e estabelecidas suas inter-relações, fornecerá uma base estratégica importante.

4. Sistematização do conteúdo e formas de construção do conhecimento

Na sistematização e produção do conteúdo se faz necessário um trabalho voltado às inteligências múltiplas, visto que promovem o desenvolvimento de toda a gama de capacidades e habilidades dos alunos.

Howard Gardner vem aprofundando seus estudos sobre a Teoria das Inteligências Múltiplas, desde a década de 1980. A teoria relata como o potencial biopsicológico é explorado para resolver problemas e criar produtos culturalmente valorizados. Assim, dependendo do tipo de problema enfrentado, uma ou mais inteligências são acionadas (GARDNER, 2000).

Dependendo da habilidade desenvolvida no indivíduo, este terá condições de acionar seus conhecimentos para resolver conflitos, elaborar uma tese ou se comunicar com o chefe. Se o sujeito necessitasse "acertar uma flecha em um alvo", exigiria uma inteligência bastante diferente do que se tivesse de "compreender uma pessoa que está sofrendo" ou "resolver uma equação de segundo grau".

Gardner (2000) propôs, inicialmente, sete inteligências, deixando claro que estas não esgotam a riqueza da pluralidade da inteligência humana. São elas:

- lógico-matemática: é mais desenvolvida em cientistas, advogados e juízes. É a capacidade de resolver problemas e criar produtos utilizando a compreensão de símbolos matemáticos, operando com quantidades, grandezas, cálculos, proporções, fórmulas; capacidade de lidar com os dados de um problema utilizando o raciocínio abstrato e ferramentas lógicas (dedução, inferência etc.);

- linguística: extremamente desenvolvida em autores, poetas e oradores. É a capacidade de lidar bem com problemas com base em símbolos linguísticos;

domínio das palavras, da linguagem oral e escrita; articulação lógica e criativa de ideias; oratória; memória declarativa;

- espacial ou visual: o tipo de capacidade utilizada por arquitetos, escultores, pintores, navegadores e pilotos. É a capacidade de operar relações de tempo e espaço, localização, composição de formas; senso de direção; organização do pensamento de maneira figurativa; reconhecer e manipular situações que envolvam apreensões dos objetos e seres no espaço;

- **corporal-cinestésica**: é altamente desenvolvida em atletas, bailarinas, ginastas. É a capacidade de utilizar o próprio corpo com o fim de resolver problemas ou fabricar produtos; execução de movimentos corporais finos e/ou complexos; controle e domínio do corpo; práticas esportivas; habilidades manuais;

- musical: obviamente muito desenvolvida em compositores, músicos e maestros. É a capacidade para utilizar símbolos musicais, instrumentos, partituras, ritmos, para compor e reproduzir construções musicais; canto; percepção de sons, tons, timbres; sensibilidade emocional à música;

- intrapessoal: a capacidade de insight, de conhecer a si mesmo – é o tipo de capacidade que fornece grande intuição para algumas pessoas, permitindo-lhes o acesso ao extraordinário banco de informações armazenado em sua mente subconsciente. É a capacidade para o autoconhecimento; saber lidar consigo mesmo; controle das emoções; automotivação; autoestima; usar o entendimento de si mesmo para alcançar certos fins;

- interpessoal: é o tipo de capacidade que parece própria aos vendedores, promotores de vendas, negociadores. É a capacidade de entender as intenções e desejos dos outros; conduzir diálogos; cooperação; sociabilidade; relacionar-se bem em sociedade.

Mais tarde, Gardner acrescentou à lista a inteligência naturalista, referindo-se à capacidade de lidar bem com o meio ambiente, reconhecer, classificar e lidar com espécies da natureza (plantas, animais), e a inteligência existencial, relacionada à capacidade de refletir sobre questões fundamentais da existência, como o sentido maior do ser humano e o propósito das tarefas do dia a dia.

Ampliar dessa forma o conceito de inteligência traz implicações tanto nas diretrizes mais amplas para a educação, como nos objetivos e no fazer pedagógico do professor em sala de aula. Se o ser humano é multifacetado, dotado de diferentes capacidades, habilidades e inteligências, a função da educação deveria ser o desenvolvimento harmônico de todo o espectro de inteligências, de modo a preparar as crianças e jovens para enfrentar os mais variados tipos de problemas em suas vidas.

Para tanto, cabe ao professor-mediador ajudar os alunos a, por um lado, identificar e cultivar os seus talentos naturais e, por outro, cuidar e investir esforços em seus aspectos mais fragilizados, para fortalecê-los. Isso só é possível se a escola passar a valorizar todas as formas de inteligência e cultivar um clima de respeito mútuo.

Outra implicação diz respeito à forma de apresentar e explorar os conteúdos programáticos. Diferentes tipos de problemas mobilizam diferentes tipos de inteligências, portanto, se o professor variar os recursos que utiliza (uma música, um desafio lógico, uma atividade física, um debate de ideias, uma produção de texto, um exercício de autorreflexão...), estará promovendo experiências diversificadas e estimulando as múltiplas facetas do aprender humano.

Além de incentivar o desenvolvimento global dos estudantes, variar as linguagens e recursos de ensino traz outras vantagens. Desse modo, vale ressaltar que diversificar as características das ações propostas no processo de ensino-aprendizagem promove a democratização da sala de aula, afastando-se da "ditadura da supremacia da razão lógica" como caminho único para a construção do conhecimento. Cultivar diferentes aproximações, variar as rotas de acesso ao conhecimento, com o planejamento e a intencionalidade que devem marcar a mediação da aprendizagem, colabora com a construção do conhecimento complexo, pois fortalece a articulação e a integração entre a objetividade do conhecimento formal (a "explicação") e a apropriação significativa e subjetiva da "compreensão", ampliando os significados e sentidos dos conhecimentos.

Você, certamente, tem percebido as mudanças que têm proporcionado à sociedade experienciar novas maneiras de acesso a conhecimentos, fundamentados em estudos disponibilizados nas diferenciadas redes de informações. A diversificação desses assuntos contribui para a transformação da visão das pessoas que se interessam em compreender a realidade, bem como a trajetória histórica das concepções de mundo.

ATENÇÃO! PARA REFLEXÃO: Como você tem experimentado essas mudanças em sua prática profissional?

Delors (2001) enfatiza que é consenso internacional que a educação ao longo da vida está fundada em quatro aprendizagens fundamentais, denominadas "os quatro pilares da educação": aprender a conhecer – adquirir os instrumentos da compreensão; aprender a fazer – agir sobre o meio envolvente; aprender a viver junto – participar e cooperar com os outros em todas as atividades humanas; aprender a ser – integrar as três precedentes.

O autor menciona que a educação deve estar centrada no desenvolvimento integral do ser humano e que pode ser acompanhada ao longo da vida.

- aprender a conhecer cultua e preconiza a cultura geral, espírito investigativo, visão crítica e aprender a aprender;
- aprender a fazer é uma competência produtiva e favorece a aprendizagem colaborativa na escola e na vida, onde o foco é relacionar-se em grupo, resolver problemas e qualificar-se profissionalmente;
- aprender a viver com os outros é uma competência relacional que favorece a colaboração dos estudantes na escola e na vida, realça o saber compreender o outro, saber resolver conflitos e respeitar o outro;
- aprender a ser é uma competência pessoal, favorece a autonomia dos estudantes na escola e na vida, pois expressa opiniões e assume responsabilidades pessoais.

Antes de continuarmos as reflexões sobre as concepções de educação na didática do ensino superior, vale refletir sobre a seguinte questão:

ATENÇÃO! PARA REFLEXÃO: Em quais ações você se considera mais competente no campo profissional?

Delors (2001) salienta que a concepção de aprender a conhecer, primeiro pilar proposto, supõe aprender a aprender, exercitando nosso pensamento e nossa atenção nas atividades realizadas, garantindo o despertar da curiosidade intelectual, entre outros aspectos que permitam ao indivíduo compreender o real.

A aprendizagem direcionada para esse foco está relacionada aos processos cognitivos por excelência. Ao despertar no aprendiz esse processo, pode-se desenvolver, também, a vontade de aprender, de modo a querer sempre saber mais e melhor.

Desse modo, colocamo-nos a reflexão a respeito de como docentes irão abordar os discentes para garantir o desejo de conhecer, a capacidade de aprender a aprender, respeitando as estratégias, os ritmos e os estilos de aprendizagem de cada educando e, ainda, de construir as suas próprias opiniões e seu pensamento crítico.

Ao iniciarmos o estudo do segundo pilar da educação, o aprender a fazer, cabe uma reflexão:

ATENÇÃO! PARA REFLEXÃO: O "aprender a conhecer" pode estar dissociado do "aprender a fazer"? É importante refletir sobre a questão apresentada e elaborar uma síntese pessoal a esse respeito. Pense em um profissional de educação que irá mediar saberes sobre determinado assunto e que não tenha conhecimento teórico que fundamente a sua ação docente. Imagine como seria essa aprendizagem.

Partindo do pressuposto de que o aprender a fazer está intimamente ligado ao aprender a conhecer, vamos retornar ao relatório elaborado pela Comissão Mundial de Educação e identificar qual foi a linha de pensamento que fundamentou tal pilar, visto que "aprender a conhecer e aprender a fazer são, em larga medida, indissociáveis" (DELORS, 2001).

Sabemos que o segundo pilar dialoga com as possibilidades de que educadores poderão desfrutar para garantir que o processo de construção do conhecimento se efetive, ou seja, de que forma garantir que o aluno coloque em prática os conhecimentos que desenvolveu no universo escolar.

Esse pilar ganha destaque quando termos como "protagonismo juvenil", "liderança", "comunicação" e "capacidade de resolver conflitos" se tornam cada vez mais importantes e o relacionamento interpessoal e o desenvolvimento da liderança fazem o grande diferencial no mercado de trabalho.

Agora que você concluiu suas reflexões sobre o segundo pilar da educação, o aprender a fazer, pense um pouco sobre a seguinte questão:

ATENÇÃO! PARA REFLEXÃO: Como contribuir para "aprender a viver junto" com as outras pessoas?

Delors (2001) destaca que é louvável a ideia de trabalhar com a não violência na escola, no entanto um dos maiores desafios da educação se concentra no relacionamento com o outros.

Como ensinar nossos alunos a se colocarem no lugar do outro, respeitando as limitações dos colegas e percebendo que todos temos qualidades e habilidades que nos diferem dos outros. No entanto, atividades econômicas desenvolvidas no interior de cada país, caracterizadas pelo clima de concorrência, reforçam a competição e, consequentemente, o sucesso individual, bem como as desigualdades sociais.

O que fazer para melhorar a situação?

Delors (2001) ressalta que a educação, seja ela dada pela família, pela comunidade ou pela escola, deve antes auxiliar os discentes a descobrir a si mesmos, de modo que crianças, adolescentes, adultos e pessoas da terceira idade desenvolvam atitudes de empatia, especialmente entre as pessoas com as quais convivem, o que contribuirá, sobremaneira, para comportamentos sociais ao longo de toda a vida.

Portanto, quando tende a atingir objetivos comuns, o trabalho em conjunto ameniza as diferenças, que podem até desaparecer em alguns casos.

O terceiro pilar reforça o propósito de aprender a conviver como forma de minimizar conflitos no processo de aprendizagem e na convivência com os outros. Ao refletir sobre a afirmativa anterior, levantamos o seguinte questionamento:

ATENÇÃO! PARA REFLEXÃO: Antes de aprender a conviver, não temos de aprender a ser?

Aprender a ser possibilita o desenvolvimento integral do aluno, envolvendo seu senso de justiça, ética, sua responsabilidade, entre outros, e revelando "espírito e corpo, inteligência, sensibilidade, responsabilidade pessoal e espiritualidade" (DELORS, 2001).

Na perspectiva dos quatro pilares da educação, a completude do ser humano ao longo do ciclo de vida se apoia em um processo dialético que parte do conhecimento de si e, desse modo, atinge a relação com o outro a partir de uma construção social interativa. Portanto, o desenvolvimento se dá em todo momento e em todos os lugares, de maneira multifuncional, complementar e multifacetada.

Como vimos, os membros da Comissão pensaram em uma educação que proporcione ao ser humano o desenvolvimento na sua integralidade.

Ao longo deste capítulo, você refletiu sobre as questões abordadas nos quatro pilares da educação. Para reforçar seus conhecimentos, faça a atividade a seguir:

- embasado nos quatro pilares da educação, elabore uma proposta de trabalho indicando como você poderia direcionar suas ações em sala de aula.

A partir da síntese desse exercício, reflita sobre a seguinte questão:

ATENÇÃO! PARA REFLEXÃO: Como podemos vivenciar as mudanças na concepção de educação no ambiente escolar?

Delors (2001) corrobora a ideia de que os pilares da educação podem se tornar a base teórica do conhecimento desenvolvido em sala de aula e menciona que devemos aproveitar e explorar, por toda a vida, as possibilidades referentes à produção e enriquecimento do conhecimento, bem como nos adaptarmos em um mundo de mudanças.

Para praticar a cultura dos pilares da educação, faz-se necessário que docentes produzam planos de ensino mais precisos em termos de: formação de ações mentais por meio dos conteúdos, aulas expositivas com a preocupação com a atividade mental dos alunos, estratégias metodológicas participativas nas quais se podem incluir projetos, aulas abordando a conversação dirigida, organização e moderação de debates, uso de portfólio e, especialmente, o ensino baseado em problemas.

Podemos afirmar que, quando o professor consegue ajudar o aluno a compreender o caminho da investigação percorrido para a definição de um objeto de estudo e internalizar as ações mentais correspondentes, a aplicação dos pilares da educação se concretizou com sucesso. Para isso, um procedimento privilegiado é

o ensino baseado em problemas. As ações ligadas ao aprender implicam a resolução de tarefas cognitivas baseadas em problemas, de modo que, na apropriação do conhecimento e do pensamento científico, o ensino com pesquisa associa-se ao **método** de resolução de problemas.

Atividades de aprendizagem baseadas na solução de problemas são a forma de estimular o pensamento dos alunos para explicar o ainda não conhecido e assimilar novos conceitos e procedimentos de ação.

Essas ideias sobre ensino e aprendizagem coincidem inteiramente com o entendimento de aprender pesquisando. Nesse caso, a pesquisa aparece como modo de apropriação de conhecimentos e de desenvolvimento de competências cognitivas, no desenvolvimento normal das aulas. Os alunos aprendem a trabalhar com conceitos e a manusear dados, a fazer escolhas, a submeter um problema a alguma teoria existente, a dominar métodos de observação e análise, a confrontar pontos de vista. Além disso, a pesquisa possibilita uma relação ativa com os conteúdos e com a realidade de que se pretende dar conta, ajudando na motivação dos alunos para o aprender.

Verifica-se, portanto, que a pesquisa não é meramente um complemento da formação universitária, mas uma atividade de produção e avaliação de conhecimentos que perpassa o ensino. Em uma aula são trabalhados conhecimentos que foram produto de pesquisa; os conhecimentos trazidos provocam outros problemas e suscitam novas descobertas. Portanto, a pesquisa dá suporte ao ensino, embora seja, também, imprescindível para a iniciação científica.

Eis que, dessa forma, se une o ensino com os modos de investigação conexos à matéria ensinada. Um professor que ensina com pesquisa vai buscar, na investigação própria da ciência que ensina os elementos, os processos, o percurso indagativo, os métodos, para a atividade de investigação enquanto processo cognitivo.

Glossário – Unidade 3

Corporal-cinestésica – Inteligência corporal-cinestésica relacionada com o movimento físico e com o conhecimento do corpo. Habilidade de usar o corpo para expressar uma emoção (dança e linguagem corporal) ou praticar um esporte, por exemplo.

Método – O termo "método" vem do grego (méthodos = caminho para chegar a um fim), considerado na prática pedagógica como um meio possível para viabilizar a ação didática. Método é um caminho ou procedimento construído sistematicamente, de maneira organizada, com racionalidade e finalidade de tornar o trabalho mais acessível, produtivo e de fácil alcance para atingir objetivos definidos com propósitos estabelecidos.

Sistematização – Conceito que vem sendo cunhado para designar uma forma metodológica de elaboração do conhecimento. Assim, sistematização é mais do que a organização de dados; é um conjunto de práticas e conceitos que propiciam a reflexão e a reelaboração do pensamento, a partir do conhecimento da realidade, com o objetivo de transformar educandos e educadores do processo de formação em sujeitos do conhecimento e agentes transformadores em sua localidade.

UNIDADE 4
TENDÊNCIAS PEDAGÓGICAS NO PROCESSO DE ENSINAR E APRENDER – PRÁTICA DOCENTE

Capítulo 1 Tendências pedagógicas no processo de ensinar e aprender – prática docente, 60

Capítulo 2 Planejamento de ensino, 70

Capítulo 3 Vertentes do planejamento, 73

Glossário, 75

Referências, 76

1. Tendências pedagógicas no processo de ensinar e aprender – prática docente

O fenômeno educativo constitui-se a partir de diretrizes que orientam a prática pedagógica. Analisaremos os fatores que o compõem para entender a essência dessa prática.

O processo de ensino-aprendizagem é sempre permeado por uma concepção de mundo. Adotar uma prática tradicional e ter consciência dessa concepção é uma escolha do docente. Para fazer uma escolha que seja adequada e coerente com a sua visão de mundo, o educador precisa conhecer as diferentes abordagens do ensino para escolher, entre as possibilidades que se apresentam, aquela que expressa seu modo de pensar e seus desejos no que se refere à formação dos alunos.

Hoje em dia, em todos os níveis de ensino, encontramos professores que, no âmbito do discurso, defendem a ideia de ensino-aprendizagem como um processo relativo a dois protagonistas: professor e aluno. Entretanto, entre esses professores, há os que, contrariando o discurso, constroem sua prática a partir do próprio conhecimento, ou seja, centrada em si mesma. As aulas contam com pouca ou nenhuma participação do aluno, adotando a metodologia apelidada, nos meios escolares, de "GLS", isto é: giz, lousa e saliva.

O professor precisa ter consciência de que o conjunto de suas aulas reflete o modo como compreende a formação do discente. Em geral, reflete também uma determinada abordagem da própria educação, ainda que o professor não tenha consciência disso.

A partir de agora, estudaremos essas abordagens de modo conciso. Basearemos nossos estudos nos trabalhos da professora Maria da Graça Nicolleti Mizukami e do professor Demerval Saviani. Esses dois estudiosos e pesquisadores têm contribuído para as discussões e reflexões sobre a docência.

Começaremos pelas teorias não críticas. Saviani (1994) ressalta que a educação como direito de todos traz à tona uma escola que soluciona os problemas da ignorância da sociedade instaurada na época, cujo objetivo é o de difundir a "instrução" sendo o professor um "transmissor de saberes" e os alunos "receptores" desse conhecimento e/ou informação.

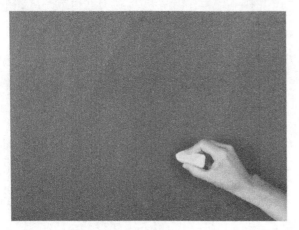

Para ilustrar esse tipo de teoria, apresentaremos duas abordagens que foram baseadas no livro da professora Mizukami (1986).

Unidade 4 – Tendências pedagógicas no processo de ensinar e aprender – prática docente **61**

A abordagem tradicional fundamenta-se em uma prática educativa e na transmissão de conhecimentos de modo sequencial. Esse tipo de ensino volta-se para o que é externo ao aluno: o programa, as disciplinas, o professor.

Nesse tipo de abordagem, vale destacar que a ênfase é dada às situações de sala de aula, em que os alunos são instruídos, ensinados pelo professor. Os conteúdos e as informações têm de ser adquiridos e os modelos, imitados. Em termos gerais, é um ensino que se preocupa mais com a variedade e a quantidade de noções, conceitos e informações do que com a formação do pensamento reflexivo. Desse modo, a expressão oral do professor tem um lugar proeminente cabendo ao aluno a memorização desse conteúdo verbalizado e existindo a preocupação com a sistematização dos conhecimentos apresentados de forma acabada. As tarefas são padronizadas.

Podemos concluir que a pedagogia tradicional baseia-se numa visão essencialista de homem, segundo a qual todo homem é dotado de uma essência universal, apriorística e imutável (espírito, faculdades, razão), que deve ser realizada pela educação. Os homens são essencialmente iguais, as diferenças sociais entre eles se devem a diferenças de destino. A ideia de uma essência universal igual justifica o estabelecimento de esquemas lógicos predefinidos de educação, aos quais devem submeter-se todos os alunos. Ou seja, justifica a utilização do mesmo método, do mesmo ritmo, dos mesmos materiais e atividades para todos. As diferenças de resultados não levam ao questionamento do método (que se baseia na essência humana). Os fracassos e sucessos são da responsabilidade do aluno: decorrem de seu esforço, interesse, empenho nos estudos.

Em outras palavras, do ponto de vista político, a ideologia que orienta essa tendência é conservadora (o destino é que define a posição de cada um na sociedade); do ponto de vista da aprendizagem, a perspectiva é inatista: todos já nascem com uma essência; esta amadurece ao ser exercitada. Portanto, as capacidades superiores da inteligência (pensamento complexo, análise, síntese, julgamento) não são aprendidas, mas exercitadas.

O modo de ensinar na escola tradicional reflete essas concepções: organizam-se os conhecimentos de cada disciplina a partir de uma lógica interna do mais simples para o mais complexo; estipulam-se programas para serem desenvolvidos por todos os alunos, em tempos determinados de acordo com a necessidade do professor para executá-los. Avaliam-se os resultados da aprendizagem com o objetivo de classificar os alunos, exercendo a educação uma função seletiva: identificação dos mais esforçados, dos mais interessados nos estudos, dos melhores.

Na abordagem tradicional, temos as seguintes visões de mundo e posicionamentos:

- Homem – É um receptor passivo inserido no mundo por meio das informações que recebe e reproduz;

- Mundo – A realidade é algo que será transmitido ao indivíduo principalmente pelo processo de educação formal, além de outras agências, tais como família e Igreja;

- Sociedade/Cultura – Possuem uma visão individualista do processo educacional. As experiências e aquisições das gerações passadas são condição de sobre- vivência das gerações mais novas, como também da sociedade;

- Conhecimento – Tem caráter cumulativo, sendo adquirido pelo indivíduo por meio de transmissão, de onde se supõe a importância da educação formal e da instituição escola;

- Educação – É ligada à transmissão de conhecimentos e restrita à ação da escola;

- Escola – É a agência sistematizadora de uma cultura complexa;

- Ensino/Aprendizagem – A aprendizagem do aluno é um fim em si mesmo, os conteúdos e as informações têm de ser adquiridos e os modelos, imitados;

- Professor/Aluno – A relação professor-aluno é vertical, sendo que o professor detém o poder de todo o processo. O aluno deve repetir os dados que a escola forneceu ou a exploração racional dos mesmos;

- Metodologia – É baseada frequentemente na aula expositiva e nas demonstrações do professor à classe, tomada quase como um auditório. O professor já traz o conteúdo pronto e o aluno se limita passivamente a escutá-lo;

Unidade 4 – Tendências pedagógicas no processo de ensinar e aprender – prática docente

- Avaliação – Mede-se pela quantidade e exatidão de informações que se consegue reproduzir. Evidenciam-se as provas, exames, chamadas orais, exercícios que expressam a exatidão da reprodução da informação.

PARA SABER MAIS: Para facilitar o entendimento das teorias, leia a obra de Demerval Saviani, Escola e democracia, que apresenta os principais tópicos das pedagogias presentes nas salas de aula. É importante ler e refletir sobre cada um desses elementos.

Esse tipo de abordagem ainda é muito comum em nossas escolas e universidades. Ela fundamenta as aulas calcadas no modelo que Paulo Freire classificou como **"educação bancária"**, segundo o qual o aluno é um depósito de conhecimentos.

No Brasil, a década de 1980 foi marcada pelo restabelecimento da democracia após um longo período de ditadura militar. Os movimentos sociais ganharam força e destaque. Professores e estudantes se uniram à classe operária pela democratização do ensino.

A didática passou a receber essas influências, e muitos estudiosos começaram a repensar suas teorias. As palavras de ordem consistiam em: ideologia, poder, **alienação**, conscientização, reprodução, contestação do sistema capitalista, classes sociais, **emancipação**, resistência, relação teoria-prática, educação como prática social, o educador como agente de transformação, articulação do processo educativo.

No Brasil, um representante desse movimento em direção à formulação de teorias críticas da educação foi Paulo Freire, com a sua preocupação com a cultura popular. De acordo com Mizukami, o educador pernambucano revelava influências do humanismo, da **fenomenologia**, do existencialismo e do neomarxismo.

Para ilustrar a abordagem crítica – também denominada abordagem sociocultural – temos um quadro-resumo que está alicerçado no livro de Mizukami.

Quadro I – Abordagem sociocultural

Abordagem sociocultural	
Características gerais	Obra marcante – Paulo Freire
Homem-mundo	Interacionista – relação homem-mundo, sujeito-objeto
Sociedade cultura	Construção crítica e criadora
Conhecimento	Processo de conscientização
Educação	Tomada de consciência
Ensino-aprendizagem professor-aluno	Superação da relação opressor-oprimido
Metodologia	Relação horizontal, educador-educando
Avaliação	Ativa, dialógica e crítica
	Conteúdos programáticos próprios
	Avaliação de processo

Nesse tipo de abordagem, bem diferente da abordagem não crítica, o aluno ganha destaque, o professor aprende com seus alunos. O diálogo permeia a relação. E o caráter político da educação não é mascarado.

Na abordagem sociocultural, a situação de ensino-aprendizagem é entendida em seu sentido global, devendo procurar a superação da relação opressor-oprimido por meio de condições tais como:

a) solidarizar-se com o oprimido, o que implica assumir a sua situação;

b) transformar radicalmente a situação objetiva geradora de opressão.

A **educação problematizadora** busca o desenvolvimento da consciência crítica e da liberdade como meios de superar as contradições da educação tradicional. O educador e o educando são, portanto, sujeitos de um processo em que crescem juntos, porque "ninguém educa ninguém, ninguém se educa. Os homens se educam entre si mediatizados pelo mundo." Desse modo, a educação é um constante ato de desvelamento da realidade, um esforço permanente, pelo qual os homens vão percebendo criticamente como estão sendo no mundo. Nesse processo, os alunos devem assumir desde o início o papel de sujeitos criadores.

A teoria pedagógica de Paulo Freire não tem uma proposta explícita para a didática. Há, no entanto, uma didática implícita na orientação do trabalho escolar, cujo ensino é centrado na realidade social, ou seja, é uma didática que busca desenvolver o processo educativo como tarefa que se dá no interior dos grupos sociais e, por isso, o professor é coordenador das atividades que se organizam sempre pela ação conjunta dele e dos alunos.

A preocupação de Freire girava em torno da educação das classes populares, inicialmente de caráter extraescolar, não formal. Seus princípios e práticas tornaram-se pontos de referência para professores no mundo todo. Para citar alguns: a valorização do cotidiano do aluno; a construção de uma práxis educativa que estimula a sua consciência crítica, tornando-se o sujeito de sua própria história; o diálogo amoroso entre professor e aluno; o professor como mediador entre o aluno e o conhecimento e o ensino dos conteúdos desvelando a realidade.

Tais princípios e ações contribuíram para uma concepção própria e política do ato de educar, numa postura filosófica que influenciou a forma didática de atuar de muitos professores que trabalham também na educação formal.

Relacionando com a docência no ensino superior, as aulas nessa abordagem não podem ser como auditórios; o aluno é parte integrante do processo de construção do conhecimento. É necessário criar condições para que se desenvolva uma atitude de reflexão crítica comprometida com a ação.

Nesse contexto, a aula não pode ser desconectada da vida, da prática; há um diálogo entre teoria e prática, o conhecimento não é algo acabado. As aulas devem constituir investigações que conscientizam o aluno de seu papel social, levando-o a desejar a superação das injustiças sociais. Nessa abordagem, o professor é engajado, não no sentido partidário, mas no sentido lato da palavra, isto é, que faz da relação pedagógica um ato político, no qual escolhe não ser opressor e lutar contra todas as formas de opressão.

A verdadeira educação consiste na educação problematizadora que acredita na capacidade do aluno.

Mizukami salienta também a abordagem comportamentalista, que consiste num arranjo e planejamento de condições externas que levam os estudantes a aprender. É de responsabilidade do professor assegurar a aquisição do comportamento, visto que os comportamentos esperados dos alunos são instalados e mantidos por condicionantes e reforçadores arbitrários, tais como elogios, graus, notas, prêmios, reconhecimento do mestre e dos colegas, associados a outros mais distantes, como o diploma, as vantagens da futura profissão, a possibilidade de ascensão social, monetária, etc. Desse modo, os elementos mínimos a serem considerados num processo de ensino são: o aluno, um objetivo de aprendizagem e um plano para alcançar o objetivo proposto. A aprendizagem será garantida pelo programa estabelecido.

Existe também a abordagem humanista, em que o ensino está centrado na pessoa, o que implica orientá-la para sua própria experiência para que, dessa forma, possa estruturar-se e agir. Nessa abordagem, a atitude básica a ser desenvolvida é a de confiança e de respeito ao aluno. Desse modo, a aprendizagem tem a qualidade de um envolvimento pessoal. A pessoa considerada em sua sensibilidade e sob o aspecto cognitivo é incluída de fato na aprendizagem. Esta é autoiniciada. Mesmo quando o primeiro impulso ou estímulo vem de fora, o sentido da descoberta, do alcançar, do captar e do compreender vem de dentro. Vale ressaltar que a aprendizagem nessa abordagem é significativa e penetrante. Suscita modificação no comportamento e nas atitudes. Além disso, esse tipo de abordagem é avaliado pelo educando. Ele sabe se está indo ao encontro de suas necessidades, em direção ao que quer saber, se a aprendizagem projeta luz sobre aquilo que ignora.

Por fim, a abordagem cognitivista se destaca na organização do conhecimento, no processamento das informações e nos comportamentos relativos à tomada de decisões. As pessoas lidam com os **estímulos** do meio, sentem e resolvem problemas, adquirem conceitos e empregam símbolos verbais. A ênfase, pois, está na capacidade do aluno de integrar informações e processá-las. O que é priorizado são as atividades do sujeito, considerando-o inserido numa situação social. Sendo assim, o ensino é baseado no ensaio e erro, na pesquisa, na investigação, na solução de problemas por parte do aluno e não na aprendizagem de fórmulas, nomenclaturas, definições etc. Assim, a primeira tarefa da educação consiste em desenvolver o raciocínio, e o ponto fundamental do ensino, portanto, consiste em processos e não em produtos de aprendizagem. Nesse tipo de abordagem, a aprendizagem só se realiza realmente quando o aluno elabora seu conhecimento. Isso porque conhecer um objeto é agir sobre ele e transformá-lo. O mundo deve ser reinventado. Vale lembrar que o ensino dos fatos deve ser substituído pelo ensino de relações, pela proposição de problemas, e não existem currículos fixos. São oferecidas aos educandos situações desafiadoras, tais como jogos, leituras, visitas, excursões, trabalho em grupo, arte, oficinas, teatro etc.

São esses tipos de abordagens que abrangem as pedagogias ou escolas que fundamentam os pressupostos da Pedagogia Tradicional, Pedagogia Nova e Pedagogia Tecnicista.

A seguir serão exploradas, muito resumidamente, as características mais significativas de cada uma, com o intuito de dialogarmos com as aprendizagens.

Com relação à Pedagogia Tradicional, vale destacar que, no início do século passado, surgiram os sistemas nacionais de ensino. Esses sistemas foram originalmente constituídos sob o princípio orientador: a educação é direito de todos e dever do Estado. Assumindo o poder com a Revolução Francesa e intencionando nele se consolidar, a burguesia defende a constituição de uma sociedade democrática, ou seja, a democracia burguesa. Para ascender a um tipo de sociedade fundado nos princípios da igualdade, fraternidade e liberdade entre os indivíduos, era imprescindível vencer a barreira da ignorância. Somente assim seria possível transformar os súditos em cidadãos, isto é, em indivíduos livres porque são esclarecidos.

Tal tarefa só poderia ser realizada por meio da escola. Nessa perspectiva, a marginalidade é identificada com a ignorância ou, na nova sociedade burguesa, o marginal é o ignorante. Dentro desse quadro, o papel da escola é o de transmitir os conhecimentos acumulados pela humanidade. A escola tem a intenção de conduzir o aluno até o contato com as grandes realizações da humanidade - aquisições plenamente elaboradas. Essa escola realça os modelos em todos os campos do saber. O professor é o responsável pela transmissão dos conteúdos, é o centro do processo educativo. Deve, portanto, ter domínio dos conteúdos fundamentais e ser bem preparado para a transmissão do acervo cultural.

A experiência relevante que o aluno deve vivenciar é a de ter acesso democrático às informações, conhecimento e ideias, podendo, assim, conhecer o mundo físico e social. Enfatiza-se a disciplina intelectual, para a qual se necessita de atenção, concentração, silêncio e esforço. A escola é o lugar por excelência em que se raciocina, e o ambiente deve ser convenientemente austero para o aluno não se dispersar.

O professor tem poder decisório quanto à metodologia, conteúdo e avaliação. Procura a retenção das informações e conceitos por meio da repetição de exercícios sistemáticos (tarefas). Há a tendência de tratar a todos os alunos igualmente: todos deverão seguir o mesmo ritmo de trabalho, estudar os mesmos livros-texto, o mesmo material didático e adquirir os mesmos conhecimentos. Aqui, a concepção de educação é caracterizada como produto, já que estão preestabelecidos os modelos a serem alcançados. Não se destaca, portanto, o processo. São privilegiadas as atividades intelectuais.

A transferência da aprendizagem depende do treino, sendo imprescindíveis a retenção, a memorização, para que o aluno responda a situações novas de forma semelhante às situações anteriores. Em resumo, pode-se afirmar que nessa pedagogia há uma redução do processo educativo a, exclusivamente, uma de suas dimensões: a dimensão do saber.

Retomemos as duas ideias principais dessa pedagogia: a vocação de disponibilizar a todos o acesso à escola, no sentido de transformar marginais (sinônimo de ignorantes) em cidadãos, e a total autonomia da educação em relação à sociedade. Com a Pedagogia Nova, vale destacar que, já na primeira metade deste século, educadores se põem veementemente a criticar a escola, tradicional, considerando-a totalmente inadequada. Segundo esses críticos, a Pedagogia Tradicional não alcançou sua principal meta, ou seja, nem todos os indivíduos tiveram acesso a ela, nem todos os que nela ingressaram foram bem-sucedidos. E, além disso, nem todos os que foram bem-sucedidos nessa escola se ajustaram à sociedade que se queria consolidar.

Dito de outro modo, essa escola falhou! Surge então um grande movimento, cuja expressão maior foi o escolanovismo ou Escola Nova. Trata-se, em resumo, de mudar toda a lógica da Pedagogia Tradicional. Inicialmente, o escolanovismo é implantado no âmbito de escolas experimentais.

Segundo a Pedagogia Nova, o marginalizado deixa de ser visto como o ignorante e passa a ser o rejeitado. Segundo essa escola, alguém se integra socialmente não quando é ilustrado, esclarecido, mas quando se sente aceito pelo grupo.

É interessante registrar que as primeiras manifestações desse movimento se deram com crianças excepcionais e deficientes mentais, fora da instituição escolar. Lembremo-nos, por exemplo, da pediatra Maria Montessori e do médico Ovíde Decroly. Ambos estavam preocupados com a individualização do ensino, com a estimulação às atividades livres concentradas, baseadas no princípio da autoeducação. A partir dessas experiências, generalizam-se os procedimentos pedagógicos para todo o sistema educacional. Saliente-se, também, a grande influência da psicologia para a Escola Nova, pelo uso intensivo de testes de inteligência, de personalidade, entre outros. Daqui decorre o princípio norteador da Escola Nova: a não diretividade e seus correlatos, como congruência, aceitação incondicional do aluno, respeito.

A educação atingirá seu objetivo – corrigir o desvio da marginalidade –, se incutir nos alunos o sentido de aceitação dos demais e pelos demais. Contribui assim para construir uma sociedade em que seus membros se aceitem e se respeitem em suas diferenças. Essa nova forma de entender a educação, como já dito, leva necessariamente a uma mudança, por contraposição à Pedagogia Tradicional, nos elementos constitutivos da prática pedagógica. Assim é que o professor deixa de ser o centro do processo, dando o lugar ao aluno. O professor deixa de ser o transmissor dos conteúdos, passando a facilitador da aprendizagem. Os conteúdos programáticos passam a ser selecionados a partir dos interesses dos alunos. As técnicas pedagógicas da exposição, marca principal da Pedagogia Tradicional, cedem lugar aos trabalhos em grupo, dinâmicas de grupo, pesquisa, jogos de criatividade. A avaliação deixa de valorizar os aspectos cognitivos, com ênfase na memorização, passando a valorizar os aspectos afetivos (atitudes) com ênfase em autoavaliação.

Desloca-se o eixo do ato pedagógico do intelecto para o sentimento, do aspecto lógico para o psicológico. Em resumo, as palavras de ordem da Pedagogia Tradicional são alteradas. Dessa forma, esforço, disciplina, diretividade, quantidade cedem lugar a interesse, espontaneidade, não diretividade, qualidade. Há, também, em decorrência desse ideário, uma mudança no "clima" da escola: de austero para afetivo, alegre, ruidoso, colorido. Reduz-se assim o processo de ensino a uma de suas dimensões – a dimensão do saber ser.

Unidade 4 – Tendências pedagógicas no processo de ensinar e aprender – prática docente **69**

É preciso assinalar que esse tipo de escola, devido ao afrouxamento de disciplina e à negligência com a transmissão de conteúdos, além de não cumprir o objetivo a que se propunha – tornar aceitos os indivíduos rejeitados –, prejudicou os alunos das camadas populares que têm nela o único canal de acesso ao conhecimento sistematizado. Aceitou-se o problema da marginalidade.

Na Pedagogia Tecnicista, cabe salientar que, diante da constatação de que também a Escola Nova não cumpria seu objetivo, buscou-se – mais uma vez – mudar a escola! Agora, não se percebe o marginalizado como o não informado (Pedagogia Tradicional), tampouco como o rejeitado, o não aceito (Escola Nova); o marginalizado passa a ser sinônimo de incompetente, ineficiente, improdutivo. Temos, como consequência, que as principais premissas dessa pedagogia passam a ser a eficiência, a racionalidade e a produtividade. O centro de ensino não é mais o professor, nem o aluno, mas as técnicas. Daí o nome dessa pedagogia: tecnicismo ou escola tecnicista. Partindo dela, reorganiza-se o processo educativo no sentido de torná-lo objetivo e operacional. As escolas passam a burocratizar-se. Exige-se dos professores a operacionalização dos objetivos, como instrumento para medir comportamentos observáveis, válidos porque mensuráveis, controláveis. Dissemina-se o uso da instrução programada, das máquinas de ensinar, dos testes de múltipla escolha, do tele-ensino e dos múltiplos recursos audiovisuais.

A tecnologia educacional, por coerência, é a grande inspiradora da Pedagogia Tecnicista. Essa pedagogia é sustentada por um dos paradigmas da psicologia: o behaviorismo ou comportamentalismo. Os behavioristas ou comportamentalistas valorizam a experiência ou a experiência planejada como a base do conhecimento. Skinner (1973) afirmava que a "análise experimental do comportamento humano deveria, por natureza, retirar as funções anteriores atribuídas ao homem autônomo e transferi-las, uma a uma, ao ambiente controlador". O tecnicismo é também suportado pela informática, cibernética e engenharia comportamental.

O papel do professor é alterado: de transmissor de conteúdos e centro do processo na Pedagogia Tradicional, passando a facilitador da aprendizagem do aluno, que é o centro, na Escola Nova; agora, no tecnicismo, é um arranjador das contingências de ensino. Há muitos incentivos e recompensas às atividades desenvolvidas pelos alunos, levando a uma grande competitividade entre eles. Reduz-se aqui o processo educativo a uma de suas dimensões: dimensão do saber fazer.

O tecnicismo, tendo rompido com a Escola Nova, acentua ainda mais o caos no sistema de ensino.

Claro, essa escola também não conseguiu atingir sua grande meta: transformar os marginalizados em indivíduos competentes, produtivos, para atuar no mercado. A simples razão para esse fracasso é a inexperiência de articulação direta entre a escola e o processo produtivo.

2. Planejamento de ensino

Todo professor universitário inicia suas atividades bem antes do primeiro dia de aula. Sua atividade inicia-se com o planejamento, o tempo de estudo e de preparo da disciplina. Essa é uma etapa indispensável do trabalho, pois é graças ao planejamento que seu trabalho assume racionalidade e permite que seja avaliado.

A base de qualquer planejamento educacional é o conhecimento da realidade. Conhecer o que os alunos já sabem a respeito do que vai ser ensinado, qual é o seu interesse nesse aprendizado e qual a real importância desse conhecimento, enfim diagnosticar em que estado os alunos se encontram e qual é a necessidade de que têm.

Com esse diagnóstico, o professor encontra-se em condições de elaborar um plano de ensino apoiado na realidade. Inicia-se então o processo de planejamento, que envolve a formulação dos objetivos, a determinação dos conteúdos a serem ministrados e as estratégias que serão adotadas para facilitar a aprendizagem. Com o plano – documento que sintetiza as ações planejadas – em mãos, executam-se as atividades visando aos objetivos selecionados. É aqui que ocorrem as ações didáticas, como, por exemplo, exposição, orientação de leituras e condução dos grupos de estudos.

É importante lembrarmos que o processo de ensino não se encerra quando ministramos as aulas. A avaliação não deve ocorrer somente ao final das ações educativas, e sim ao longo de todo o processo, o que nos dará um **feedback** que permitirá a retomada do planejamento/replanejamento do processo de aprendizagem.

O planejamento educacional ocorre em diferentes estâncias, e cada uma delas é elaborada por diferentes atores. As etapas mais importantes podem ser refletidas conforme segue:

- Planejamento educacional: é o que se desenvolve num nível mais amplo. É o processo que objetiva definir os fins últimos da educação e os meios para alcançá-los;

- Planejamento institucional: a Lei de Diretrizes e Bases da Educação Nacional (Lei n. 9.934/94), em seu artigo 12, inciso I, prevê que "os estabelecimentos de ensino, respeitadas as normas comuns e as do seu sistema de ensino, têm a incumbência de elaborar e executar sua proposta pedagógica".

Esse planejamento institucional, por um lado, é político, pois estabelece um compromisso com a formação de um cidadão para um tipo de sociedade. Por outro, é pedagógico, pois define os propósitos e a forma de efetivação das ações educativas da escola. Por essa razão é que o resultado concreto desse planejamento pode ser chamado de Projeto Político-Pedagógico.

O planejamento institucional é desenvolvido no âmbito das instituições de ensino superior (IES). Por exigência do Ministério da Educação, essas instituições têm de elaborar, a cada cinco anos, o seu Plano de Desenvolvimento Institucional (PDI). Esse é o documento que identifica a instituição no que diz respeito à sua filosofia de trabalho, à missão a que se propõe, às diretrizes pedagógicas que orientam suas ações, à sua estrutura organizacional e às atividades acadêmicas que desenvolve e/ou que pretende desenvolver.

- Planejamento curricular: em consonância com o planejamento institucional, desenvolve-se o planejamento curricular. Esse planejamento tem como objeto a organização do conjunto de ações que precisam ser desenvolvidas no âmbito de cada curso com vistas a favorecer ao máximo o processo de ensino--aprendizagem. Constitui, portanto, uma tarefa contínua e multidisciplinar que orienta a ação educativa da instituição universitária. Sua preocupação básica é com a previsão das atividades que o estudante realiza sob a orientação da escola, com vistas a atingir os fins pretendidos.

A Lei de Diretrizes e Bases da Educação Nacional (Lei n. 9.394/96) atualmente vigente confere autonomia às instituições de ensino superior para fixar os currículos de seus cursos, desde que observadas as Diretrizes Curriculares gerais. As Diretrizes Curriculares são definidas pelo Conselho Nacional de Educação para os diferentes cursos e asseguram às instituições de ensino superior ampla liberdade na composição da carga horária a ser cumprida para a integralização dos currículos, assim como na especificação das unidades de estudo a serem ministradas.

- Planejamento de ensino: é o que se desenvolve em nível mais concreto e está a cargo principalmente dos professores. Ele é alicerçado no planejamento curricular e visa ao direcionamento sistemático das atividades a serem desenvolvidas dentro e fora da sala de aula, com vistas a facilitar o aprendizado dos estudantes.

O professor universitário, ao assumir uma disciplina, precisa tomar uma série de decisões. Precisa, por exemplo, decidir acerca dos objetivos a serem alcançados pelos alunos, do conteúdo programático adequado para o alcance desses objetivos, das estratégias e dos recursos que vai adotar para facilitar a aprendizagem, dos critérios de avaliação etc.

As decisões tomadas no processo de planejamento concretizam-se em documentos habitualmente designados como planos. Esses planos podem se subdividir, por exemplo: os professores designam as decisões decorrentes do planejamento de planos de ensino, em seguida elaboram planos de disciplina, planos de unidade e planos de aula.

Vale ressaltar que os teóricos divergem em suas concepções sobre planejamento. Anastasiou (2002) destaca que, ao se trabalhar dialeticamente com o conhecimento, o estabelecimento de um programa de aprendizagem denota um processo intencional de trabalho assim definido:

- programa de aprendizagem: documento em que se registra o contrato didático pretendido para uma etapa do curso a ser construída pelos professores e alunos. Busca a superação aos antigos planos de ensino, em que havia toda uma centralização descritiva no conteúdo e no que o professor faria para ensinar.

Diferentemente deles, o foco fica na aprendizagem do aluno, para o qual são dirigidas a análise do processo, a definição dos objetivos, a organização dos conteúdos, a escolha metodológica para mobilizar, construir e elaborar a síntese e avaliar as aprendizagens efetivadas. Sua questão central é: que objetivos, organização de conteúdos e metodologia são necessários para o aluno apreender, apropriar-se ou "agarrar" as relações, leis e princípios essenciais desse programa?

Unidade 4 – Tendências pedagógicas no processo de ensinar e aprender – prática docente

Conclui-se que planejar o ensino revela sempre uma intenção da prática educativa que se quer desenvolver para um grupo de educandos, isto é, sujeitos sociais situados num determinado momento histórico, no tempo e no espaço. A ação educativa consciente não pode se distanciar da intenção política; assim o planejamento do ensino não pode perder de vista o tipo de homem que a sociedade pretende formar por meio da educação. Este estará sempre ligado à concepção de homem que se tem e à interpretação que se faz do momento histórico que vivemos.

3. Vertentes do planejamento

O planejamento de ensino e aprendizagem, dirigido por uma ação pedagógica crítica e transformadora, dará ao professor maior segurança na sua prática educativa para atender às demandas que ocorrem na sala de aula, na escola, na comunidade e na sociedade em geral. Assim, o planejamento se configurará pela ação pedagógica orientada a se vincular dialeticamente ao que é concreto ao aluno, buscando transformá-lo.

As vertentes que embasam o planejamento do processo de ensino-aprendizagem são:

- os Parâmetros Curriculares Nacionais (PCN);
- as Diretrizes Curriculares Nacionais (DCN);
- o Projeto Político-Pedagógico da escola e/ou Plano Global, Projeto de Escola, Proposta Pedagógica ou Plano Educacional;
- o regimento escolar;
- os planos de estudos e/ou Proposta Pedagógica;
- o plano de trabalho;
- o plano de aula.

Conhecer a importância do processo de planejamento em seus diferentes níveis é um exercício que ajudará a comunidade escolar a identificar as reais necessidades da escola e, a partir daí, considerar o planejamento um suporte para o encaminhamento das mudanças que se fazem necessárias, como ajudar, num esforço que vai do individual ao coletivo e vice-versa, na concretização das utopias (do sonho), como também procurar cumprir com a função social da escola e do professor em sala de aula.

Toda essa articulação tem em sua base a melhoria da qualidade do ensino. O foco deste século é o da qualidade da educação, que será evidenciada quando diminuírem os índices de evasão e repetência, quando se efetivarem as políticas de inclusão social, quando não houver mais diferenciação de raça, cor, entre outros, e quando um tratamento adequado for dispensado aos portadores de necessidades educativas especiais, tendo na universalização do ensino a alternativa necessária para essas questões de ordem política, econômica e social.

Mas, como e com que propósito o planejamento pode ajudar os professores a identificar as lacunas que se alojam no meio em que se insere a escola? Tal levantamento ajudará a identificar prioridades, a estabelecer as bases filosóficas, a opção pedagógica, a definir de forma participativa os rumos da escola, de sorte que fique bem claro o tipo de homem, de sociedade e de educação que se deseja buscar nessa comunidade.

Quando se pensa sobre o professor ideal ou no ideal de professor, reflete-se que a diferença em nossa prática pedagógica inicia por nós mesmos. Essa diferença começa no momento em que compreendemos que o objetivo de todo bom profissional é ser cada vez mais competente no que faz, e, para que isso se concretize, um dos caminhos é conhecer, planejar, executar e avaliar as atividades docentes, a partir de uma construção que leve em conta as variáveis de ordem legal, segundo a legislação federal, estadual ou municipal.

As diretrizes que foram acordadas na escola de forma participativa seguirão determinada vertente filosófica (opção pedagógica) que deverá estar impregnada nas atividades de sala de aula, com responsabilidade e comprometimento por parte do professor.

Glossário – Unidade 4

Alienação – Ato ou efeito de alienar-se. Processo em que a consciência se torna estranha a si mesma, afastada de sua real natureza, exterior a sua dimensão espiritual, colocando-se como uma coisa, uma realidade material, um objeto da natureza.

Educação bancária – Educação em que o professor é quem dá a última palavra, devendo os alunos aceitar passivamente o que ele diz. Dessa forma, o único que pensa é o professor, cabendo aos alunos apenas receber os depósitos que o professor faz dos conhecimentos que possui (como sucede num banco, quando se deposita dinheiro). A educação bancária é domesticadora porque busca controlar a vida e a ação dos alunos, proibindo-os de exercer seu poder criativo e transformador.

Educação problematizadora – Busca o desenvolvimento da consciência crítica e da liberdade como meios de superar as condições da educação tradicional.

Emancipação – Ato ou efeito de emancipar-se. Qualquer libertação, alforria, independência.

Estímulo – Aquilo que estimula, que anima, que incita a atividade, a realização de algo.

Feedback – Palavra inglesa que significa realimentar ou dar resposta a um determinado pedido ou acontecimento.

Fenomenologia – No pensamento setecentista, descrição filosófica dos fenômenos, em sua natureza aparente e ilusória, manifestados na experiência aos sentidos humanos e à consciência imediata.

Referências

ALARCÃO, Isabel e TAVARES, José. *Supervisão da prática pedagógica:* uma perspectiva do desenvolvimento e aprendizagem. Coimbra: Almedina, 2003.

CANDAU, Vera Maria. *Reinventar a escola*. Rio de Janeiro: Vozes, 2008.

DELORS, Jacques. *Educação:* um tesouro a descobrir. São Paulo: Cortez, 2001.

DRYDEN, Gordon. *Revolucionando o aprendizado*. São Paulo: Makron books, 1996.

FREIRE, Paulo. *Pedagogia da autonomia:* saberes necessários à prática educativa. São Paulo: Paz e Terra, 1996.

GARDNER, Howard. *Estruturas da mente:* a Teoria das Múltiplas Inteligências. Porto Alegre: Artes Médicas, 2000.

LIBÂNEO, José Carlos. *Didática*. São Paulo: Cortez, 1994.

MASETTO, Marcos. *Didática:* a aula como centro. São Paulo: FTD, 1996.

MIZUKAMI, Maria da Graça Nicoletti. *Ensino:* as abordagens do processo. São Paulo: EPU, 1986.

PIMENTA, Selma Garrido; ANASTASIOU, Lea das Graças Camargo. *Docência no ensino superior* – volume I. São Paulo: Cortez, 2002.

_____. *Saberes pedagógicos e atividade docente*. São Paulo: Cortez, 2009.

PERRENOUD, Philippe. *Dez novas competências para ensinar*. Porto Alegre: Artes Médicas, 2000.

SAVIANI, Demerval. *Escola e democracia*. Teorias da educação/Curvatura da vara/Onze teses sobre educação e política. Campinas, SP: Mercado de Letras, 1994.

SKINNER, B. F. e HOLLAND, J. G. *A análise do comportamento*. São Paulo: ed. Epuc, 1973.

VASCONCELOS, Celso dos Santos. Avaliação da aprendizagem: práticas de mudança – por uma práxis transformadora. São Paulo: Libertad, 2003.

Uilian Donizeti Vigentim

Doutorando no programa em Educação da FCT na Universidade Estadual de São Paulo de Presidente Prudente. Atualmente, é Assistente de Suporte Acadêmico na Biblioteca da Faculdade de Ciências e Letras da Unesp de Araraquara. No momento, desenvolve pesquisa acerca dos recursos de tecnologia assistiva no Ensino Superior e Acessibilidade nos ambientes virtuais de aprendizagem.